Die Kunst der Rhetorik - Kommunikation Psychologie Schlagfertigkeit

Wie Sie Menschen lesen und mittels Einsatz von Körpersprache und Manipulationstechniken zum Rhetorik-Profi werden

Martin Fitzek

ISBN – 9798839590359

Inhaltsverzeichnis

Was ist Rhetorik?

Rhetorik ist die Kunst zu reden, die schon in der griechischen Antike einen Platz fand. Sie war schon damals eine Disziplin, die die Aspekte der effektiven Kommunikation lehrte. Sie lehrte die Kunst, so zu kommunizieren, dass das Gegenüber vom Gesagten überzeugt und mitgenommen wird. Rhetorisch fit zu sein, heißt, die Fähigkeit zu besitzen, Leute mit dem Gesagten zu begeistern, ganz unabhängig davon, worum es geht. Das Ziel ist es, sein Gegenüber mithilfe rhetorischer Mittel zu einer bestimmten Handlung zu bewegen. Bis heute hat sich die Rhetorik als die Kunst des Redens durchgesetzt und ist gefragter denn je. Rhetorik kann in vielen Kontexten nützlich sein. Ein Politiker kann in seiner Rede rhetorische Mittel einsetzen, um das Publikum von sich und von seinen Strategien zu überzeugen und sie dazu zu bringen, für ihn zu stimmen. Ein Anwalt benutzt Rhetorik, um den Angeklagten vor Gericht zu verteidigen und den Richter zu überzeugen. Ein Lehrer nutzt Rhetorik, um den Lehrstoff, bestimmte Ideen und Konzepte an seine Schüler effektiv zu vermitteln. Ein

Verkäufer kann Rhetorik nutzen, um Leute davon zu überzeugen, dass sie auf etwas nicht verzichten können und seine Ware kaufen müssen.

Du kennst sicherlich selbst Personen, von denen du sogar eine alte Unterhose abkaufen würdest und dich dabei gut fühlen würdest. Gut, das Beispiel ist etwas übertrieben, aber du weißt, was ich meine. Tatsächlich sind wir im weitesten Sinne alle Verkäufer. Wir verkaufen ständig uns selbst und unsere Ideen. Im Alltag, in Gesprächen mit unseren Freunden und unserer Familie, bei der Arbeit, in der Uni und in der Schule. Wir teilen anderen Personen ständig unsere Gedanken, Empfindungen, Ergebnisse und Meinungen mit. Dabei ist es einfach unverzichtbar, über die Grundlagen der Rhetorik zu verfügen, um erfolgreich Ideen zu vermitteln und an seine Ziele zu gelangen. Ob du in der Schule, Uni oder bei der Arbeit neue Ideen und Konzepte vermittelst, von denen du dein Gegenüber überzeugen willst, oder einfach nur deine Arbeitsergebnisse präsentierst – du kannst in jeder Situation von den rhetorischen Mitteln Gebrauch machen. Im privaten Leben kann dir Rhetorik dabei helfen, deinen Standpunkt zu verteidigen und deine Argumente zutreffend und überzeugend darzustellen. Sie kann dir dabei helfen, dein Gegenüber für deine Ideen zu begeistern oder ihn dazu zu bringen, dich bei deinen Zielen zu unterstützen.

Wenn du wissen willst, wie du von den Methoden der Rhetorik in deinem Alltag profitieren kannst, ist dieses Buch für dich genau das Richtige.

Ich werde dir die wichtigsten Prinzipien und Regeln der Rhetorik vermitteln und dir außerdem erzählen, wie und wo du sie anwenden kannst. Ich werde über Körpersprache, Präsentations- und Manipulationstechniken berichten. Du wirst außerdem eine Checkliste für freies Sprechen erhalten, damit dir das Üben und Anwenden noch einfacher fällt. Ich werde dir auch verraten, wie du beim anderen Geschlecht punkten kannst und wie du durch den Gebrauch von rhetorischen Mitteln neue Freunde gewinnen kannst.

Nun will ich dich nicht länger auf die Folter spannen. Legen wir los!

Hast du gewusst, dass die Kommunikation zum größten Teil ohne Worte stattfindet? Der Anteil dessen, was wir sagen, beträgt lediglich sieben Prozent. Nach

Albert Mehrabian, einem amerikanischen Psychologen und Professor, beruht die Kommunikation zu 55 % auf der Körpersprache (Körperhaltung, Gestik, Augenkontakt), 38 % auf der Stimmlage und nur zu sieben Prozent auf dem Inhalt. Das meiste macht offensichtlich unsere Körpersprache, Mimik, Gestik, der Tonfall und die Tonhöhe aus. Das ist erstaunlich, aber wahr. Damit weißt du schon mal, dass es nicht unbedingt auf das Gesagte ankommt, sondern darauf, wie es gesagt wird. Man kann etwas schnell oder langsam sagen, laut oder leise, monoton oder betont, kraftvoll oder kraftlos. Das sind nur einige Beispiele, was unseren Tonfall angeht. Man kann etwas emotional betonen oder herzlos sagen, mit den Händen unterstreichen oder mit dem Gesichtsausdruck. Emotionen z. B. lassen sich sowohl durch Körpersprache als auch durch Gestik und Mimik vermitteln. Mit der Stimme lassen sich Emotionen ebenfalls mitteilen. Denke etwa an ein Telefonat, denn dabei können wir, ohne die Person zu sehen, spüren, in welcher emotionalen Lage sie sich befindet. In einem Video-Call kann man das noch viel besser, denn dort können wir auch den Gesichtsausdruck einer Person sehen und Teile ihrer Körpersprache. Wenn wir jemanden live vor uns sehen, wie es beim Präsentieren der

Fall ist, können wir die Personen in voller Körpergröße begutachten. Das gibt uns den Empfang für alle Kommunikationssignale, die eine Person uns senden kann – Körpersprache, Mimik, Gestik, Stimmlage und Inhalt.

Manchmal kann es passieren, dass der Körper etwas anderes sagt als die Worte. Dasselbe gilt für das Gesicht, denn es kann unharmonisch mit dem Gesagten wirken. Wenn eine Person z.B. etwas sagt und dabei den Kopf schüttelt oder sich oft an das Gesicht greift, sind das klare Anzeichen von Nervosität, was oft der Fall ist, wenn jemand etwas verbirgt oder wenn das Gesagte nicht der Wahrheit entspricht. Hast du gewusst, dass bis zu 80 % deiner Körpersprache dafür verantwortlich sind, ob du als glaubwürdig eingeschätzt wirst? Es ist somit einfach unverzichtbar, dass du deine nonverbalen Verhaltensweisen bewusst wahrnimmst und einsetzt, denn nur so bekommst du im Leben das, was du wirklich willst.

Rhetorik im Alltag

Im täglichen Leben begegnen uns unzählige Situationen, in denen wir mit unseren Mitmenschen kommunizieren. Es können Smalltalks sein oder tiefgründige Gespräche, wir können Informationen austauschen oder Meinungen ausdrücken. Auch können wir in Konflikte geraten. In all diesen Situationen kann Rhetorik ein Stützmittel für uns sein. Besonders in Konfliktsituationen und bei Meinungsverschiedenheiten können wir einen guten Gebrauch von der Rhetorik machen, um unser Gegenüber auf unsere Seite zu bringen und ihn davon zu überzeugen, dass unser Standpunkt der ist, den es zu bestärken gilt oder um einfach nur Verständnis für unseren Standpunkt zu erzeugen und einen Kompromiss zu finden, der alle Beteiligten zufriedenstellt.

Gesprächsführung und Verhandlungen

Wenn du in einen Konflikt gerätst, behalte stets die Gesprächsführung. Lenke das Gespräch in die Richtung, in die du es lenken möchtest. Um das zu ermöglichen, musst du dir als Erstes darüber klar werden, was du willst. Bei Konflikten handelt es sich oft um Meinungsverschiedenheiten oder um verschiedene Werte der sich gegenüberstehenden Seiten. Idealerweise finden beide Seiten am Ende der Konfliktdiskussion einen Kompromiss, mit dem sich beide wohlfühlen. Um bei deiner nächsten Konfliktdiskussion an diesen Punkt zu gelangen, solltest du einige Aspekte beachten.

Zum einen ist es wichtig, den Zustand der Offenheit bei deinem Gegenüber zu erzeugen. Menschen sind offen, wenn sie sich verstanden und respektiert fühlen. Also solltest du deinen Gesprächspartner stets mit Respekt behandeln, seinen Standpunkt respektieren, auch wenn er deinem nicht entspricht. Achte seine Meinung, auch wenn sie deiner konträr ist. Du solltest außerdem Verständnis für deinen Gesprächspartner erbringen. Formulierst du das um, was dein Gegenüber sagt und gibst es wieder, so fühlt er sich verstanden. Deine Umformulierung sollte dabei jedoch natürlich klingen. Du könntest zum Beispiel sagen: „Verstehe ich dich richtig, dass … dir wichtig ist?“ oder „Also würdest du sagen, dass du dich durch mein Verhalten … fühlst?“ Du könntest eigene Beispiele einbringen, die das verdeutlichen, was dein Gegenüber sagt, um zu zeigen, dass du wirklich nachvollziehen kannst, was er meint. Falls dein Gesprächspartner äußert, dass er sich durch deine Handlungen verletzt oder unwohl fühlt, so entschuldige dich, auch wenn du es nicht einsiehst. Damit zeigst du Wertschätzung seiner Gefühle und Achtung vor ihm als Person.

In einer Diskussion ist es außerdem wichtig, Klarheit zu behalten. Behalte einen Überblick über die verschiedenen Argumente, die erbracht werden. Bedanke dich bei deinem Gesprächspartner für sein Vertrauen und seine Offenheit dir gegenüber, nachdem er ausgesprochen hat. Dadurch fühlt er sich noch mehr respektiert und wertgeschätzt, was ihn wiederum offener dir gegenüber macht. Achte darauf, den Gesprächspartner nach Möglichkeit nicht zu unterbrechen, während er redet. Falls seine Rede doch zu lange dauert, könntest du z. B. sagen: „Entschuldige bitte die Unterbrechung. Um die von dir genannten Punkte im Sinn zu behalten, lasse sie mich kurz wiederholen.“ Oder: „Verstehe ich das richtig, dass…?“

Finde in den Argumenten des Gegenübers Punkte, mit welchen du einverstanden bist, die deinen Werten entsprechen. Hebe sie hervor und unterstreiche sie. Du könntest z. B. sagen, dass du ihm recht gibst und es genauso siehst, wie er. Falls du das nicht tust, sage ihm, dass du seinen Standpunkt nachvollziehen kannst, so fühlt er sich trotzdem gehört und verstanden. Wenn du nun Argumente für deine Sichtweise bringst, so wird dein Gesprächspartner dafür offen sein, sie zu hören. Ergänze deine Argumente immer mit Beispielen. Die Beispiele, die du benutzt, müssen für dein Gegenüber ansprechend sein, also idealerweise Situationen oder Gegebenheiten beinhalten, welche er selbst durchlebt hat oder die ihm vertraut sind. Frage dein Gegenüber, wie er deinen Standpunkt sieht und gehe mit ihm in eine Diskussion. Achte während der Diskussion darauf, sachlich zu bleiben. Wenn dein Gegenüber deinen Standpunkt nicht einsieht oder ihm widerspricht, verfalle nicht in emotionale Zustände. Beim Darlegen deiner

Argumentation können rhetorische Fragen zur Überzeugung dienen.

Nach Möglichkeit bereite schon vor dem Gespräch Argumente für deinen Standpunkt vor. Jedes Argument lässt sich auch mit Beispielen belegen, um das Gesagte greifbarer zu machen. Du hast also deine Meinung, ein oder mehrere Argumente, die diese Meinung belegen und Beispiele zu den Argumenten. Das allein reicht aber nicht aus, um dein Gegenüber auf deine Seite zu bringen. Du musst deine Argumente auch logisch aufeinander aufbauen, sie in eine zur Situation passende Sprache verpacken und so kommunizieren, dass sie deinen Kommunikationspartner erreichen. Zur Situation passende Sprache heißt, die Sprache, die dein Kommunikationspartner benutzt. Benutzt er viel Slang, so ist es vorteilhaft für dich, auch Slang zu benutzen. Spricht er Hochdeutsch, so ist es besser für dich ebenfalls Hochdeutsch zu sprechen.

Außerdem gibt es verschiedene Sprachtypen. Es gibt Menschen, die ihre Gespräche und Argumentationen sehr auf Fakten und Zahlen aufbauen, andere bauen auf Gefühlen, insbesondere auf Empathie auf. Durch etwas Zuhören kannst du ziemlich schnell ermitteln, um welche Art von Sprachtyp es sich bei deinem Gesprächspartner handelt. Die meisten unter uns haben eine Mischform der verschiedenen Sprachtypen. Es ist immer hilfreich für dich, dich deinem Gegenüber anzupassen, denn so erreichst du ihn am besten. Auf diese Weise fühlt er sich in deiner Gegenwart wohl und verstanden und ist offen für deine Wünsche und Meinungen. Bei dem Sprachtyp, der sich viel mit Emotionen ausdrückt, solltest du deine Rede auch mit Emotionen und Gefühlen füllen. Bei dem Sprachtyp, der die Diskussion auf Logik und Fakten aufbaut, solltest du analog dazu deine Argumente auf Logik und Fakten aufbauen. Du könntest auch genau hinhören, welche Ausdrucksformen und Worte dein Gegenüber benutzt und sie im Gespräch mit ihm verwenden. So erreichst du ihn noch besser. Nachdem beide Seiten ausgesprochen haben, fasse kurz zusammen, was ihr ähnlich seht und wo eure Meinungen auseinandergehen. Fange immer mit den Gemeinsamkeiten an und dehne sie nach Möglichkeit aus. Verwende Ausdrücke wie „Da stimme ich dir vollkommen zu“, „…sehen wir auch gleich“ o. Ä. Wenn du nun zu den Konfliktpunkten kommst, stelle diese kurz und klar dar. Frage deinen Gesprächspartner, wie er sich eine Lösung der Meinungsverschiedenheiten vorstellt und lasse ihn ausreden, auch wenn du dich angegriffen oder nicht verstanden fühlst. Gebe im Anschluss seinen Lösungsvorschläge umformuliert wieder, um sicherzugehen, dass du ihn richtig verstanden hast. Nun kannst du ihm auch deine möglichen Lösungsvorschläge mitteilen.

Achtung, an dieser Stelle können Anker gesetzt werden! Im Kapitel Ankereffekt gehe ich genau darauf ein, was Anker sind, wie sie entstehen und uns beeinflussen. Für den Moment reicht es aus, zu wissen, dass der erste Vorschlag zur Lösung – einen Standard (Anker) setzen kann, an dem sich der Gesprächspartner orientiert. Schauen wir uns als ein Beispiel Zahlen an, um es eindeutiger zu machen. Nehmen wir an, es geht um eine Gehaltsverhandlung und dein Arbeitgeber bietet dir 50 000 Euro Jahresgehalt brutto an. Er setzt somit einen Ausgangspunkt (Anker), an welchem du dich bei deinem Vorschlag nun höchstwahrscheinlich orientieren wirst. An dieser Stelle geht es darum, einen Kompromiss zu finden, der beide Seiten zufriedenstellt. Hier ist es zum einen wichtig für dich, dir über deinen eigenen Standpunkt klar zu sein und zum anderen, deine Flexibilität zu kennen. So lässt du dich nicht von dem gesetzten Anker verunsichern. Wenn der Arbeitgeber 50 000 Euro vorschlägt, du aber 100 000 Euro willst, und deine Flexibilität ist +/- 10 000 Euro, so könntest du sagen, dass du seinen Vorschlag und seine Möglichkeiten voll und ganz respektierst, du aber mit 100 000 Euro gerechnet hast und dass deine absolute Schmerzgrenze bei 90 000 Euro liegt. Falls dein Arbeitgeber geblufft hat, um zu sehen, wie weit du bereit bist deine Erwartungen zu reduzieren, wird er ein Gegenangebot machen. Falls er flexibel genug ist, was sein Angebot betrifft, wird er dir ebenfalls entgegenkommen. Falls sein Spielraum z. B. ebenfalls nur bei +/- 10 000 Euro liegt, dann werdet ihr in diesem Fall keinen Kompromiss finden. Die Möglichkeit, keinen Kompromiss zu finden, ist bei jeder Auseinandersetzung gegeben. Sie muss daher auch als ein mögliches Ende einer Konfliktdiskussion in Betracht gezogen werden.

Je besser du deinen Gesprächspartner kennst und je besser du weißt, was er besonders schätzt und wo seine Werte liegen, desto besser kannst du eure Konfliktpunkte regulieren. Wenn du über Eigenschaften verfügst, die er als sehr wertvoll erachtet, könntest du sie zur Hilfe bei der Verhandlung nehmen.

Bleiben wir beim Beispiel des Arbeitgebers und dem Konfliktpunkt Gehalt. Wenn du weißt, dass der Arbeitgeber genau nach deinen Qualifikationen sucht und nach Leuten, die lernbereit und zuverlässig sind, könntest du mit diesen Punkten mehr Spielraum bei der Gehaltsverhandlung gewinnen. Ihr könntet auch etwas Konkretes ausmachen, wie z.B., dass du im kommenden Jahr acht Weiterbildungsmaßnahmen absolvierst und er dafür mit dem Gehalt auf 90 000 Euro geht. Somit haben beide Seiten das, was sie haben möchten.

Lesen der Körpersprache beim Gesprächspartner

Dein Gesprächspartner sendet dir im Gespräch ständig Signale mit seinem Körper. Diese Zeichen sagen oft mehr als seine Worte. Du kannst in der Körpersprache deines Gegenübers erkennen, ob er sich wohlfühlt, nervös ist, die Wahrheit sagt, Gewissensbisse hat und viele weitere, interessante Fakten. Wenn du die Körpersprache deines Gesprächspartners aufmerksam beobachtest und richtig deutest, kannst du ihn bestens verstehen und einschätzen.

Lügen entlarven

Der erste Anhaltspunkt, um Lügen zu entlarven, ist der Blick einer Person, denn dieser sagt vieles aus. Wendet jemand seinen Blick nach oben rechts, so versucht er sich an etwas zu erinnern. Wenn der Blick nach unten links gewendet wird, denkt die Person nach. Ein Blick, der nach oben links und unten rechts geht, kann auf Lügen hindeuten. Ein richtloser, nach unten gewandter Blick, zeigt Scham oder ein schlechtes Gewissen. Das Abschweifen des Blicks zeigt Unsicherheit.

Weit offene Augen sind ein Zeichen von Angst. Dabei könnte es sich um Angst handeln, bei einer Lüge entlarvt zu werden, oder aber auch um jede andere Art von Angst. Weitere Anzeichen für Angst und Nervosität sind häufiges Blinzeln, Stottern, Wiederholungen von Worten und eine höhere Stimmlage. Da du nicht weißt, um welche Angst es sich handelt, gibt es ein weiteres Merkmal, das auf die Angst, entlarvt zu werden, hindeutet. Wenn dein Gegenüber Angstanzeichen zeigt, aber es keinen Grund dafür gibt, in der Situation Angst zu haben, dann ist höchstwahrscheinlich eine Lüge im Spiel. Achtung, du musst die Person sehr gut kennen, um zu wissen, dass die Person in der Situation, in der ihr euch befindet, sich auch sicher fühlt und tatsächlich keinen Grund hat, ängstlich zu sein. Jede Situation wird immer individuell wahrgenommen und verarbeitet. Urteile nicht zu schnell!

Um Lügner zu erkennen, achte auf ihren Gesichtsausdruck, nachdem sie eine Aussage gemacht haben. Wenn Menschen lügen, so ist dies oft mit Schuldgefühlen verbunden.

Schuldgefühle werden, fast identisch mit Trauergefühlen, im Gesicht ausgedrückt. Während des Sprechens können Lügner ihren Gesichtsausdruck meistens kontrollieren. Doch im Anschluss gewinnen die Gefühle oft die Überhand. Genaues Hinschauen lohnt sich.

Weitere Anzeichen von Lügen sind ein steifer Körper und ein Unwohlsein der Person. (Siehe nächstes Kapitel).

Nervosität und Unwohlsein

Wenn dein Gesprächspartner sich öfter in das Gesicht oder an sein Ohr greift, sind das Anzeichen vom Unwohlsein, genauso wie das Spielen an den Fingern oder Beißen an den Fingernägeln. All diese Zeichen deuten auf Nervosität der Person hin. Diese kann verschiedene Ursachen haben.

Nervosität kann auch im positiven Kontext entstehen. Das Zwirbeln an den Haaren etwa zeigt ebenfalls Nervosität und Verlegenheit, die aber oft durch sexuelles Interesse entstehen und damit als Flirtsignal gesendet werden.

Wenn die Person auf der Stuhlkante sitzt und zudem noch hibbelig ist, zeigt sie damit, dass sie schnell hinaus möchte, denn sie fühlt sich unwohl im Gespräch und möchte fliehen. Es könnte etwa am Gesprächsthema liegen oder an den Fragen, die du deinem Gegenüber stellst. Achte darauf, der Person mit deinen Aussagen und Fragen nicht zu nah zu treten. Sprich ein für deinen Gesprächspartner interessantes Thema an. Frage nach, wie es ihm geht und höre genau hin. Sei offen und versuche auf Bewertungen zu verzichten.

Positionierung der Hände

Wenn eine Person Gegenstände vor dem Körper hält, hat es oft zu bedeuten, dass diese Person etwas zu verbergen hat und dem Gespräch gegenüber nicht offen ist. Dies kann sich jedoch auch auf die Verschlossenheit dem Gesprächspartner gegenüber beziehen. Verschränkte Arme oder gekreuzte Beine deuten auf dasselbe hin, ebenso wie ein zur Seite gewendeter Körper.

Wenn die Hände in der Hüfte verschränkt sind, wird Trotz signalisiert. Oft sehen wir das bei Kindern. Es kann auch darauf hinweisen, dass sich jemand nicht wichtig fühlt oder nicht wahrgenommen. Mit dieser Körperhaltung will diese Person sich mächtiger fühlen.

Werden die Arme nach hinten genommen und hinter dem Kopf verschränkt, kann es Entspannung signalisieren. Diese Pose kann aber oft überheblich wirken.

Das Verstecken der Hände zeigt noch evolutionsbedingt, dass die Person etwas zu verbergen hat. Pass also darauf auf, dass deine Hände für dein Gegenüber sichtbar bleiben. Zu den Zeiten der Römer haben sich Menschen mit offenen Händen gegrüßt, um zu zeigen, dass sie keine Waffen in den Händen haben und somit ungefährlich sind. Mit der Zeit entwickelte sich die Geste immer mehr zu einem Begrüßungsritual. Es signalisiert gegenseitiges Vertrauen und Respekt.

Der Handschlag und die Persönlichkeit

Bis heute geben sich die Menschen bei einer Begegnung in den meisten Kulturen noch die Hand. Neben dem Blickkontakt, der Stimme oder dem Duft eines Menschen, ist sein Händedruck einer der stärksten Sympathieträger und damit entscheidend für den berühmt-berüchtigten ersten Eindruck.

In der Regel ist der Händedruck die erste körperliche Begegnung zweier Menschen. Diese Berühunrgen hinterlassen – auch wenn sie nur von kurzer Dauer sind, große Wirkung. In der Geste steck mehr, als du vielleicht denkst. Der Händedruck dienst nicht nur der

Begrüßung, sondern ist zugleich ein nonverbales Signal, das dir zeigt, mit wem du es zu tun hast. So entscheidet das simple Händeschütteln nicht selten darüber, ob du dich in der Gegenwart deines Gegenübers wohlfühlst oder nicht und zeigt dir, was du von deinem Gegenüber zu erwarten hast und über welche Charaktereigenschaften er verfügt.

Professors Greg Stewart von der Universität von Iowa stellte in einer seiner Untersuchungen fest, dass häufig derjenige einen Job erhält, der beim Händeschütteln einen positiven Eindruck hinterlässt. Aus diesem Grund sollte der Handschlag fest genug sein und man sollte gleichzeitig Augenkontakt mit seinem Gesprächspartner halten. Auf diese Art und Weise hinterlässt man einen sympathischen Eindruck. Der Handschlag selbst sollte vor allem fest und mit einem Blick in die Augen des Gesprächspartners verbunden sein, denn so wird man am sympathischsten wahrgenommen.

Die verschiedenen Aspekte einen Händedrucks haben wir hier kurz zusamengestellt. Sie alle spielen eine

Rolle, und zumeist analysieren wir diese Aspekte ganz unbewusst:

- Griff: vollständig oder teilweise?
- Dauer: lang oder kurz?
- Druck: fest oder schlaff?
- Textur: rau oder weich?
- Temperatur: warm oder kalt?
- Humidität: feucht oder trocken?
- Geschwindigkeit: langsam oder schnell?
- Komplexität: drücken oder schütteln?
- Augenkontakt: keiner oder lang?

Ein schwacher oder schlaffer Händedruck zeigt z. B. Unsicherheit, mangelnde Festigkeit des Charakters und der Persönlichkeit. Er deutet auf pessimistische Charakterzüge der Person hin und ist ein eindeutiger Karrierekiller unter den Handschlägen. Ein zu fester

Händedruck hingegen deutet auf Nervosität hin und darauf, dass die Person gerne stark wirken will, es aber tatsächlich nicht ist. Es kann auch ein Anzeichen von Dominanz sein, so als ob die Person dir sagen möchte: „Ich weiß, was ich will und werde es mir auch nehmen."

Eine nach unten zeigende Handfläche zeigt, dass die Person gerne die führende Position übernimmt und dominant ist. Eine nach oben zeigende Handfläche deutet auf Unterwerfung hin. Dementsprechend ist eine Handfläche, die senkrecht entgegengehalten wird, ein Zeichen für Gleichstellung.

Die Dauer eines Handschlages gibt ebenso Deutungsspielraum. Im Durchschnitt dauert ein Handschlag etwa drei bis vier Sekunden. Längeres Händedrücken ist für Freunde und enge Bekannte vorbehalten.

Ein distanzierter Handschlag, also mit einer weit vom Körper ausgestreckten Hand, lässt möglichst viel Raum zum Gesprächspartner. Es kann ein Zeichen von Antipathie oder Reserviertheit sein, oder von noch fehlendem Vertrauen zum Gegenüber.

Geschieht ein Handschlag sehr nah, also mit einer kaum vom Körper ausgestreckten Hand, so kann er subtile Dominanz zeigen, weil die Person so automatisch in die Privatzone des Gegenübers eindringt. Dieser Zug kann auch beim Kennenlernen des anderen Geschlechts als Annäherungsversuch gemacht werden. Vorsicht, dies kann schnell unsympathisch wirken.

Streckt dein Gegenüber schon seine Hand aus, wenn ihr noch gar nicht in Reichweite seid, oder geht er mit ausgestreckter Hand auf dich zu und begrüßt dich anschließend emotionslos und automatisch mit einem kalten „Guten Tag". Oder er schüttelt deine Hand und fährt seinen Arm herunter, ohne dir in die Augen zu schauen. All das kann auf fehlende Emotionalität und roboterhafte Charakterzüge hindeuten.

Ist der Handschlag hingegen frontal, energetisch und fest, und sind die Augen der Person dabei weit geöffnet und ihr Blick durchdringt dich, dann hast du es wahrscheinlich mit jemandem zu tun, der durchsetzungsfähig ist. Dieser Mensch wird nicht von seinem Weg abzubringen sein und auch nicht gerne Kompromisse eingehen. Es ist ein Anführer, der sich nicht unterordnen wird.

Der „normale“ Handschlag, der relativ neutral ist und oft von den Profis praktiziert wird, ist kurz, angenehm fest, mit freundlichem Blick in die Augen.

Checkliste - Handschlag nach Knigge:

* Falls du sitzen solltest, stehe bitte auf zum Händedruck.

* Stelle sicher, dass deine Hand trocken ist.

* Im Business obliegt es stets dem Ranghöchsten, ob er dir die Hand reicht.

* Als Gastgeber reiche deinen Gästen die Hand – dem Ranghöchsten zuerst.

* Der Schwung dazu kommt aus dem Ellbogen, nicht aus der Schulter.

* Halte dabei Blickkontakt, nicht auf die Hände schauen.

* Stelle dich mit deinem Namen vor.

* Profis wiederholen den Namen ihres Gegenübers mit einem Gruß: „Herr Müller: Herzlich willkommen!“

* Drücke nicht länger als fünf Sekunden, nicht zu kräftig, aber keinesfalls schlaff.

Laut Forschungen des Beckman Institutes, kamen Wissenschaftler zum Ergebnis, dass ein Handschlag bestimmte Regionen im Gehirn aktiviert, die positive Emotionen in uns hervorrufen. Diese Emotionen werden nicht durch andere Arten einer Begrüßung, wie etwa Lächeln oder Winken, hervorgerufen. Das Ergebnis weiterer Studien zeigte, dass ein Handschlag am Anfang einer Verhandlung diese fairer ausgehen lässt. In einem fiktiven Immobiliengeschäft, in welchem beide Seiten, also der Verkäufer und der Käufer, versuchten, das jeweils beste Angebot für sich herauszuholen, zur Not auch mit Tricks, gingen die Verhandlungen fairer aus, in denen sich beide Seiten zuerst die Hand gaben, im Vergleich zu denen, die gleich zum Geschäft kamen. Ach, und noch ein interessanter, wissenschaftlicher nachgewiesener Fakt über das Händeschütteln: Warme Hände machen mitfühlend. US-Forscher fanden heraus, dass Menschen mit warmen Händen sich ihren

Mitmenschen gegenüber barmherziger verhalten als jene mit kalten Händen. Sie sollen positiver über andere urteilen und auch eher dazu neigen, ihren Mitmenschen eine Freude machen zu wollen, etwa in Form eines Geschenks oder Kompliments.

Manche bevorzugen es, statt Händeschütteln sich die „Ghetto-Faust" zu geben. Es treffen also zwei geballte Fäuste aufeinander, was auf jeden Fall hygienischer ist und das Potenzial hat, weltweit viele Infektionen zu vermeiden oder zumindest einzudämmen. Denn wir Menschen tragen sehr viele Bakterien in unseren Händen, da wir vieles mit unseren Händen erledigen und somit verschiedene Gegenstände anfassen. Manche niesen oder husten in die Hand und waschen sie nicht lange genug, um alle Bakterien zu beseitigen, die gefährlich für die Gesundheit sein können. Aus dieser Perspektive betrachtet wäre die Ghetto-Faust eine sehr gute Alternative für das herkömmliche Händeschütteln. Da Menschen aber Gewohnheitstiere sind, und die Faust, wie der Name schon sagt, mit dem Ghetto assoziiert wird, wird das Händeschütteln und die Möglichkeit das Gegenüber zu lesen, uns noch eine Weile erhalten bleiben.

In einigen Kulturen sind Umarmungen und Wangenküsschen die herkömmliche Art, sich zu begrüßen, auch bei Begegnungen von Menschen, die sich kaum oder überhaupt nicht kennen. Meist ist das in den tropischen Ländern der Fall. Dort gelten natürlich andere Normen, welche dementsprechend auch anders gedeutet werden.

Das Ähnlichkeitsprinzip oder wie man sich Freunde macht

Wir Menschen wollen verstanden werden und das Gefühl haben, so angenommen und geliebt zu werden, wie wir sind. Deshalb werden wir fast magisch von Leuten angezogen, die so sind wie wir selbst. Genau da fühlen wir uns wohl, verstanden und können so sein, wie wir sind.

Was hat das mit Rhetorik zu tun? Nun, wir zeigen sehr viel von unserer Persönlichkeit und unserer Einstellung durch unsere Sprache. Menschen, die sich auf Anhieb gut verstehen, tun es, weil sie viel gemeinsam haben. Sie teilen oft die gleichen Weltanschauungen und befinden sich oft in der gleichen sozialen Schicht oder der gleichen Altersgruppe. Dementsprechend haben sie sich viel zu sagen und können gut nachvollziehen, wie sich der andere fühlt oder was er in einer bestimmten Situation machen könnte. Deshalb sehen wir oft Gruppen von Menschen, die der gleichen Herkunft und im gleichen Alter sind oder Menschen mit gleichen Interessen. Sie benutzen oft die gleiche Sprache, Ausdrücke und sogar eine ähnliche Körpersprache.

Wenn du von jemandem freundschaftlich oder beruflich gemocht werden willst, oder wenn du beim anderen Geschlecht punkten möchtest, kannst du dir auf verschiedene Art und Weise Informationen über diese Person verschaffen und dich in seine Welt versetzen. Greife im Gespräch seine Körpersprache auf und spiegele sie wider, nimm seine Ausdrucksweisen auf, passe dich seinem Kleidungsstil an oder seinen Aktivitäten, verstehe seine Weltanschauung und seine Überzeugungen, und teil sie ihm mit. Am besten gelingt es uns jemandem mitzuteilen, dass wir ihn verstehen, indem wir das, was er sagt, umformulieren und es ihm sagen. Wenn wir dabei seinen Ausdruck und seine Wortwahl verwenden, wird die Wirkung sogar noch verstärkt.

All diese Punkte können dich deinem Gegenüber näherbringen. Sie führen dazu, dass sich dein Gegenüber in deiner Anwesenheit wohlfühlt. Sobald du diesen Zustand erzeugt hast, ist es nun viel einfacher ihn dazu zu bewegen, etwas zu tun, was du willst oder dich einfach nur mit ihm anzufreunden.

Wie du beim anderem Geschlecht punktest

Nervosität kann dir beim Flirten eindeutig im Weg stehen. Oft sind wir selbst verunsichert, wenn wir am Gegenüber interessiert sind. Behalte im Sinn, dass es deinem Gesprächspartner jedoch genauso gehen kann. Außer den im vorherigen Kapitel genannten Anzeichen kann sich Nervosität in langen Redepausen bemerkbar machen oder durch stockenden Sprachfluss. Um die Nervosität zu mildern, hilft oft Humor oder etwas Smalltalk. Damit lässt sich das Eis brechen, man kommt ins Gespräch und kann sich besser kennenlernen.

Nun stellt sich die Frage, wie man Interesse am Gegenüber erwecken kann und wie sich das sichtbar macht.

Hierbei gilt ein einfaches Grundprinzip: Um Interesse am Gegenüber zu erwecken, musst du dich selbst für diese Person interessant machen und dich für diese Person interessieren. Das geht auf verschiedenen Wegen. Du kannst dich interessant machen, indem du äußerlich attraktiv bist. Eine selbstbewusste Körperhaltung wirkt z. B. attraktiv. Dazu gehören ein aufrechter Rücken, eine offene Brust und Lockerheit im Körper. Ein angenehmer Gesichtsausdruck ist eine super Ergänzung dazu. Dein Gesichtsausdruck ist direkt verbunden mit deinen Gedanken und Gefühlen, deswegen achte darauf, dich vor dem Treffen mit deinem Flirt (nennen wir ihn Nick, später komme ich auf die weibliche Version zu sprechen) positiv zu stimmen. Zum positiven Einstimmen könntest du beispielsweise angenehme Musik hören oder dir etwas Witziges anschauen. Bei der Begrüßung wirkt ein natürliches Lächeln Wunder. Es lockert die Stimmung und lässt dein Gegenüber sich wohlfühlen.

Ein direkter Blick in die Augen baut eine Verbindung zum Gegenüber auf. Du zeigst Interesse. Augenkontakt ist auch immer gut zum Flirten. Die Augen verraten viel über eine Person. Durch einen Blick kannst du Zuneigung, Interesse und Lust ausdrücken. Achte darauf, dass Nick auch mitflirtet. Wenn du siehst, dass Nick Augenkontakt vermeidet, dann lasse erst einmal etwas Zeit vergehen. Vielleicht ist er schüchtern oder gerade mit seinen eigenen Gedanken beschäftigt. Versuche etwas später wieder Augenkontakt aufzubauen. Wenn du deinem Gegenüber in die Augen schaust, kannst du auch erkennen, ob seine Pupillen vergrößert oder verkleinert sind. Die Vergrößerung der Pupillen deutet auf Interesse am Geschehen. Vergrößerte Pupillen sind auch ein Zeichen der Sympathie für das Gegenüber. Das Verkleinern der Pupillen deutet auf das Gegenteil hin. Achtung, die Beobachtung und Deutung der Pupillengröße sollte nicht unter Lichtschwankungen vorgenommen werden, denn bei erhöhter Lichtstrahlung verengen sich die Pupillen ebenfalls und sie vergrößern sich bei geringer.

Erkundige dich während des Gesprächs, wie es Nick geht und höre gut zu. Gehe auf die Informationen ein, die er dir gibt. Sei offen für Themen, die angesprochen werden und versuche etwas Informatives beizusteuern. Wenn dir nichts einfällt, gebe die Information wieder, die Nick dir gibt, nur umformuliert. Du kannst auch Fragen stellen und dich nach Einzelheiten erkundigen. Wenn Nick z. B. sagt: „Ich war heute mit meinen Freunden grillen“, könntest du sagen: „Wie war es?“, „Wo habt ihr gegrillt“ etc.

Versuche Nicks Interessen herauszufinden, falls du sie noch nicht kennst. Als Nächstes könntest du dir zu diesen Themen Wissen aneignen, um dich mit ihm besser darüber unterhalten zu können. Nachdem ihr euch etwas besser kennengelernt und Vertrauen aufgebaut habt, kannst du Nick noch besser kennenlernen, indem du dich beispielsweise nach seinen Zielen und Träumen erkundigst. Finde heraus, was ihm wichtig ist im Leben, kurz – zeige dein ehrliches Interesse. Im Austausch erzähle Nick auch von deinen Interessen, sprich über deine Ziele und Träume. Deine Offenheit wird Nick ebenfalls offener machen. Macht Nick Witze, dann lache ausgiebig darüber, denn Männer lieben es, Frauen zum Lachen zu bringen. Wenn Nick von seinen Erfolgen erzählt, lobe ihn und zeige Bewunderung, selbst, wenn die Erfolge klein sind. Erkenne seine Zeichen von Aufmerksamkeit und zeige Dankbarkeit und Freude. Männer wollen glückliche Frauen um sich haben. Gebe ihm das Gefühl, gebraucht und wertgeschätzt zu werden. Sage ihm öfter, wie glücklich du bist, ihn zu kennen, oder was du jetzt nur ohne ihn gemacht hättest. Glaube an sein Potenzial. Wenn er seine Visionen mit dir teilt, zeig ihm, dass du an ihn glaubst, und lasse ihn wissen, dass du für ihn da bist.

Kommen wir nun auf die Frauen zu sprechen, nennen wir die Auserwählte Lilly. Die Grundprinzipien der Körperhaltung und Mimik gelten hierbei natürlich ebenso. Der Blickkontakt ist ebenfalls derselbe. Für Frauen ist es wichtig, Komplimente zu erhalten. Sage Lilly, wie hübsch sie aussieht. Gehe gerne auf die Details ein, wie z.B. auf das Kleid oder die Blume in ihrem Haar. Frauen lieben aufmerksame Männer. Frage sie, wie ihr Tag war und lasse sie reden. Höre genau zu und frage nach, wie sie sich gefühlt hat in der einen oder der anderen Situation. Frauen mögen es, über Gefühle zu reden. Wenn sie Probleme anspricht, versuche darauf einzugehen und sie zu lösen. Frauen mögen Männer, die intelligent und stark sind. Wenn sich die Gelegenheit bietet, zeige ihr deine Stärke und Intelligenz. Sei witzig und bringe sie zum Lachen. Mache die Atmosphare angenehm und locker.

Wenn du ihr körperlich näher kommen möchtest, baue einige subtile Berührungen ein, wenn sich die Gelegenheit bietet während des Treffens. Verringere die Distanz zu ihr, wenn ihr spaziert oder nebeneinander sitzt. Bei einem Spaziergang könntest du Lilly etwas führen. Du kannst es z. B. machen, wenn ihr ein Lokal betretet –

öffne die Tür und halte deine Hand sanft hinter ihrem Rücken. Dasselbe kannst du auch beim Einsteigen in das Auto, den Zug oder den Bus machen. Frauen mögen es, geführt zu werden. Wenn ihr euch gegenübersitzt, könntest du ihre Hand berühren. Fange mit kleinen Berührungen an, um zu schauen, ob sie sich dabei wohlfühlt. Falls ja, wird sie die Berührungen erwidern.

An der Haltung des Oberkörpers kannst du sehen, ob sich dein Gesprächspartner wohlfühlt und dich interessant findet, wenn ihr euch gegenübersitzt. Das Zurücklehnen des Oberkörpers zeigt eine Abneigung am Gespräch oder eine Zurückweisung des Gesprächspartners. Es kann auch sein, dass die Person an einer aktiven Teilnahme am Gespräch nicht interessiert ist und es zunächst einmal auf sich zukommen lassen möchte. Ist der Oberkörper deines Gesprächspartners hingegen nach vorn gelehnt, zeigt es Interesse an dem, was gerade passiert oder an dir.

Präsentations- und Überzeugungstechniken

Beim Präsentieren ist es äußerst wichtig, eine klare und überzeugende Botschaft an den Zuhörer oder Zuschauer zu vermitteln. Am besten soll er sie in seinem Gedächtnis behalten und in seinem Leben anwenden. Um diesen Effekt zu erzielen, solltest du die folgenden Aspekte befolgen. Das allerwichtigste bei einer Präsentation ist es, die Aufmerksamkeit der Zuhörer für sich zu gewinnen. Ohne ihre Aufmerksamkeit kannst du das Präsentieren gleich sein lassen – die Wirkung wird die gleiche sein. Es gibt jedoch ein paar wichtige Punkte, die du beachten solltest, um die Aufmerksamkeit der Zuhörer für dich zu gewinnen:

Zunächst solltest du wissen, dass die Aufmerksamkeitsspanne der meisten Menschen sehr kurz ist. Menschen sind ständig abgelenkt und mit Informationen überladen. Komme deshalb schnell zum Punk, arbeite den Kern der Botschaft heraus und verpacke ihn möglichst kurz und attraktiv. Wenn du z. B. über die Kunst des Redens sprichst, kristallisiere die Kernpunkte heraus, auf die es ankommt, wie z.B. Körpersprache, Stimmlage, Inhalt usw. Das sind die informativen Aspekte, also der Inhalt. Nun gilt es, diesen Inhalt logisch zu gliedern und möglichst ansprechend zu verpacken. Humor oder eine außergewöhnliche Darstellung des Ganzen kann dabei helfen. Ein Reim oder eine Metapher können hilfreich sein. Im Folgenden lernst du Hilfsmittel kennen, mit welchen du die Aufmerksamkeit des Publikums für dich gewinnst.

Hilfsmittel, um die Aufmerksamkeit des Publikums für sich zu gewinnen

Am Anfang eines Vortrages hat für gewöhnlich jeder Sprecher die Aufmerksamkeit des Publikums. Es kommt jemand Neues, die Leute sind grundsätzlich neugierig, sie wollen sehen, was es da Neues zu sehen gibt, wie sieht er/sie aus, was hat er/sie zu sagen, was hat er/sie an etc. Deshalb ist es deine Aufgabe, die dir am Anfang geschenkte Aufmerksamkeit aufrechtzuerhalten.

Ein großartiges Hilfsmittel, das du benutzen kannst, um die Aufmerksamkeit des Publikums für dich zu behalten, ist, mit einem ungewohnten Einstieg anzufangen. Ein Witz zum Thema oder ein interessantes Beispiel aus dem Alltag, in dem sich die Leute gut wiedererkennen können. Du könntest auch mit einem Teaser anfangen, der das Publikum auf mehr gespannt macht. Ein Teaser ist eine Aussage zu einem Thema, der die Neugierde der Menschen weckt. Zum Thema Rhetorik könnte es sich so anhören: „Ganze 16 000 Worte spricht ein Erwachsener durchschnittlich am Tag, oft aber ohne die gewünschte Wirkung. Kommunikation ist das Bedürfnis von jedem einzelnen von uns. Wir kommunizieren, um unsere Gefühle, Gedanken und Erkenntnisse auszudrücken, um verstanden zu werden und um zu verstehen, um gemeinsam Lösungen zu finden und sie zu erschaffen. Doch wie oft gelingt es uns auch? Wie oft wollen wir unsere Gesprächspartner für ein Thema begeistern und sie gähnen reaktionslos? Wie oft sagen wir A und B wird gemacht? Wie oft wollen wir Lösungen finden und schreien uns stattdessen an? Damit euch, liebe Zuschauer, das nicht passiert, habe ich euch heute die Kommunikations-Hilfsmittel mitgebracht, mit denen ihr das erreicht, was ihr euch vorgenommen habt. Berührt euren Gesprächspartner, begeistert ihn und findet gemeinsam Lösungen, die alle Beteiligten glücklich machen." Mit diesem kurzen Intro habe ich das Thema eingeführt und die Leute wissen jetzt also, worum es geht. Ich habe das Thema „Rhetorik" in einfacher, für die Mehrheit zugänglicher Sprache erklärt, ohne viele Fachbegriffe zu benutzen. Ich habe die Vorteile dargestellt, die die Leute haben werden, wenn sie mir während meiner Präsentation zuhören. Und somit habe ich die Neugierde der Zuhörer erweckt. Ich habe jetzt ihre Aufmerksamkeit für meine Präsentation und mich. Ich habe während meines Einstieges auch auf mögliche Probleme bei der Kommunikation hingedeutet, in welchen sich die Mehrheit wiedererkennen kann, aber noch nicht die Lösung dessen verraten. Ich habe lediglich gesagt, dass ich sie während der Präsentation verraten werde. Somit habe ich ein Informationsdefizit erzeugt. Das macht die Leute neugierig und hält sie wach.

Das Einbauen von aussagekräftigen Zitaten eignet sich ebenfalls gut als Aufhänger. Falls dir keine Zitate einfallen, kannst du z. B. unter www.zitate.de nach passenden Zitaten suchen. Gib am besten das Thema ein, um das sich deine Rede dreht und suche das Zitat aus, das für dich am passendsten erscheint. Achtung, beim Ansagen des Zitates. Fang am besten gleich mit dem Zitat an und NICHT mit: „...so, wie Prinz William zu sagen pflegte...oder wie Shakespeare, im 16. Jahrhundert in seinen Werken sich auszudrücken vermochte etc...“. Die lange Ansprache langweilt die Leute meistens, genauso wie veraltete Ausdrucksweisen.

Interaktion mit dem Publikum

Interaktion mit dem Publikum ist immer hilfreich, um die Zuhörer auf Trab zu halten. Interaktion kann in verschiedenen Formen stattfinden. Sie kann z. B. eine Frage sein. Fragen können während des Präsentierens gestellt werden, um den Leuten das Gefühl zu geben, ein Teil vom Gesagten zu sein. Es gibt drei Arten von Fragen – offene, geschlossene und rhetorische Fragen. Offene Fragen sind Fragen, auf die man nicht mit „Ja“ oder „Nein“ antworten kann, also alle Fragen, auf die man mit ganzen Sätzen antwortet. Bei geschlossenen Fragen kann das Gefragte nur mit „Ja“ oder „Nein“ beantwortet werden. Rhetorische Fragen hingegen sind Fragen, die nicht wirklich einer Antwort bedürfen. Sie dienen lediglich dazu, die Meinung des Sprechers zu unterstützen und dienen nicht zum Informationsaustausch. Je nach Situation kannst du dich einem der drei Fragetypen bedienen. Rhetorische Fragen lassen sich gut öfter einbauen, wenn du auf etwas in deiner Rede einen

besonderen Akzent setzen willst. Offene Fragen wiederum eignen sich gut, um in einen Dialog mit dem Publikum zu treten und die Zuhörer in deine Rede zu involvieren. Geschlossene Fragen eignen sich gut für Umfragen. Du kannst Umfragen mit einfachen Handzeichen aus dem Publikum durchführen oder in Form von Abstimmungen in anonymer Art und Weise anleiten. Bei Umfragen und Abstimmungen ist es angebracht, die Ergebnisse für das Publikum parat zu halten und sie zu besprechen, denn Menschen sind neugierig und wollen auch wissen, was die anderen geantwortet haben und ob sie zu der Mehrheit gehören. Achte darauf, die Umfragen möglichst kurz und verständlich zu halten, da es keiner mag, stundenlang etwas auszufüllen oder zu bearbeiten. Erinnere dich daran, dass die Aufmerksamkeitsspanne der meisten Menschen sehr kurz ist, genauso ihre Geduld. Bei Umfragen bietet es sich auch an, etwas zu verlosen. So steigen das Interesse und die Anspannung noch viel mehr an. Einige erfreuen sich zusätzlich auch noch am Gewinn. Außerdem kannst du Leute aus dem Publikum zu dir nach vorn bitten, um z. B. eine von dir vorgestellte Methode mit ihnen zusammen auszuprobieren. Das nach vorn bitten von Personen wirkt besonders aufmerksamkeitserregend, da das restliche Publikum sich mit dieser Person sehr gut identifizieren kann. Sie fühlen, dass es „einer von ihnen" ist. Zusätzlich sind sie gespannt darauf zu sehen, wie sich eine nicht eingeweihte Person verhält und was sie von sich preisgibt.

Am Ende deiner Präsentation solltest du den Zuhörern eine Chance geben, Fragen zu stellen, die sich möglicherweise während des Vortrages ergeben haben. Wenn du eine Power-Point-Präsentation verwendest, bietet es sich an, an dieser Stelle die Zusammenfassungsfolie eingeblendet zu lassen, solange du die Fragen des Publikums beantwortest. Gehe auf jede einzelne Frage ein, ohne sie zu bewerten. Es ist auch möglich, jemanden aus dem Publikum zu wählen, der die gestellte Frage beantwortet. So steigt die Interaktion mit dem Publikum und auch die Aufmerksamkeit weiter an.

Wenn das Publikum nichts fragt

Bevor du das Publikum dazu aufforderst, Fragen zu stellen, kannst du selbst einige Beispielfragen aufzählen. Du könntest auch erwähnen, dass du die Zusammenhänge im Rahmen der kurzen Präsentationszeit absichtlich nicht sehr ausführlich dargestellt hast, oder sagen, dass die Information komplex ist, um ihnen so etwas Mut zu machen, ihre Fragen zu stellen.

Wenn du die Antwort auf die Fragen des Publikums nicht weißt?

Falls du eine der Fragen nicht beantworten kannst, ist es sehr wichtig, das ehrlich zuzugeben und nicht etwas zu erfinden, um gut dazustehen. Jeder Experte, Professor, Lehrer u. Ä. kann einmal in die Situation kommen, nicht in der Lage zu sein, eine Frage direkt zu beantworten. Das ist vollkommen normal und menschlich. Kein Grund zur Sorge. Du könntest z. B. sagen: „Das ist eine sehr interessante Frage. Ich werde mich erkundigen und auf dich zurückkommen mit der Antwort“. Eine weitere Möglichkeit, auf solch eine Situation zu regieren, wäre zu sagen: „Danke für diese interessante Frage. Tatsächlich habe ich mich mit diesem Aspekt von ... noch nicht genau auseinandergesetzt. Ich werde mich erkundigen und schnellstmöglich mit einer Antwort auf dich zurückkommen."

Einbringen von Beispielen

Beispiele eignen sich hervorragend, um das Gesagte verständlich zu machen, sodass sich jeder etwas darunter vorstellen kann. Oft präsentieren wir Theorien und abstrakte Ideen, die für uns verständlich sind, weil wir uns mit dem Thema auseinandergesetzt haben. Wir vergessen dabei aber leicht, dass die Mehrheit der Zuhörer sich nicht mit dem Thema beschäftigt hat und nur schwer oder überhaupt nicht nachvollziehen kann, wovon wir reden. Deshalb sind Beispiele bei Präsentationen unerlässlich. Sie erhöhen die Aufmerksamkeitsspanne und helfen dem Zuhörer zu verstehen, worum es sich handelt und wie es im echten Leben anwendbar ist. Beispiele sollten sehr gut ausgesucht sein. Sie sollten für die Mehrheit ansprechend sein. Es gilt, je praktischer und verbreiteter das Beispiel, desto besser. Wenn ich also ein

Buch über Rhetorik schreibe, wäre es großartig, Beispiele zu finden, die mit Rhetorik verbunden sind und nicht aus dem Bereich der Quantenphysik oder Astrologie kommen, da die Leser dieses Buches möglicherweise zu wenig Informationen über dieses konkrete Themengebiet haben, um die Beispiele nachvollziehen zu können. Es kann auch sein, dass Beispiele aus anderen Themengebieten uninteressant für die Leser dieses Buches sind. Wir wissen aber ganz sicher, dass die Leser dieses Buches sich für Rhetorik interessieren, deshalb ist es am wahrscheinlichsten, dass Beispiele aus diesem Themengebiet bei den Lesern dieses Buches am besten ankommen. Als Beispiele eignen sich sehr gut alltägliche Situationen oder Situationen, mit welchen unsere Zielgruppe, also unser Publikum, mit einer großen Wahrscheinlichkeit schon mal in Berührung gekommen ist. In diesen Situationen können sie sich wiedererkennen. Sie können sie nachempfinden.

Wenn ich also über Präsentationen schreibe und über Rhetorik für Anfänger, passt es sehr gut, ein Beispiel des Referates in der Schule zu nehmen. Ich könnte auch die Präsentationen bei der Arbeit ansprechen, aber hier ist die Wahrscheinlichkeit, meine Zielgruppe zu treffen, geringer, da die meisten Personen, die bei der Arbeit etwas präsentieren, schon über die Grundlagen von Rhetorik Bescheid wissen, und daher das Buch auch nicht brauchen und nicht lesen. Die eingebrachten Beispiele sollten am besten gleich anwendbar sein und somit schnell eine Lösung liefern können. Wenn dies der Fall ist, können sie die Zuhörer gleich für sich ausprobieren. Wenn sie sich davon überzeugen können, dass die Methoden wirklich funktionieren, bauen sie Vertrauen zum Sprecher auf und ihr Interesse sowie ihre Aufmerksamkeit steigen.

Erwecken von Emotionen

Das Erwecken von Emotionen in Präsentationen ist ein weiteres Hilfsmittel, um die Aufmerksamkeit des Publikums zu bekommen und im Gedächtnis der Zuhörer zu bleiben. Es ist grundlegend und eines der wichtigsten Tools bei Präsentationen. Übrigens ist es bei jeder Art Kommunikation hilfreich, Emotionen zu erwecken. Emotionen bewegen Menschen, sie bringen sie zu Entscheidungen und Handlungen. Sie bleiben lange in Erinnerung und haben einen großen Einfluss auf das

Wohlbefinden. Wie lassen sich nun Emotionen erzeugen und passend einbringen?

Zunächst muss man wissen, dass sich Emotionen auf verschiedene Art und Weise erzeugen lassen. Storytelling ist eins der berühmtesten Tools zur Erzeugung von Emotionen. „Kindern erzählt man Geschichten zum Einschlafen, Erwachsenen damit sie aufwachen.“, sagte einst Jorge Bucay, ein berühmter Autor. Geschichten wandern direkt ins Unterbewusstsein und berühren die Menschen. Sie regen sie zum Nachdenken an und zu Handlungen. Du kannst sowohl Geschichten aus deinem Leben erzählen als auch aus dem Leben anderer. Dadurch, dass du Begebenheiten aus dem wahren Leben erzählst, können Zuhörer nachempfinden, wie sich die Charaktere in der einen oder anderen Situation gefühlt haben. Sie können sich mit der Geschichte identifizieren und dazu bewegt werden, bestimmte Handlungen zu vollbringen. Storytelling kann aus Beispielen bestehen oder aus Ereignissen, die eng mit dem Thema der Präsentation verbunden sind. Ich könnte eine Geschichte darüber erzählen, wie ich Probleme hatte zu präsentieren, deshalb in vielen Fächern ungenügende Noten bekam und daher demotiviert war zu lernen und in die

Schule zu gehen und wie ich deswegen soziale Probleme und Minderwertigkeitskomplexe bekam, wie es meinen Alltag beeinflusst und mich traurig und wütend zugleich gemacht hat. Ich könnte erzählen, wie ich dann das Buch „Rhetorik für Anfänger“ bekam und dann Stück für Stück Ergebnisse sah. Wie es mich neu motiviert hat und wie es sich auf mein ganzes Leben ausgewirkt hat, wie ich bessere Noten erhielt, selbstbewusster und freudvoller wurde, wie ich neue Freunde bekam usw. Je detaillierter ich erzähle, desto besser kann das Publikum nachempfinden, wie ich mich fühlte und desto intensiver wird meine Rede auf die wirken. Dementsprechend werden die Leute auch noch nach Tagen und Wochen im Gedächtnis behalten, wie sich ein einfaches Buch auf das ganze Leben eines Mädchens ausgewirkt hatte. Hier gilt, je beeindruckender und emotionaler die Story, desto besser und länger bleibt sie im Gedächtnis. Deshalb gehe in der Beschreibung der Emotionen – des Mädchens in unserem Fall – in Einzelheiten auf sie ein. Wenn ich z. B. über Wut und Trauer spreche, beschreibe ich genau, wie ich die Trauer in meinem Körper und Geist empfand, und was diese Trauer in mir auslöste. Wie ich jeden Abend weinte und die Einsamkeit spürte, wie sich jedes Mal, wenn ich aufwachte, das bedrückende Gefühl in meiner Brust ausbreitete und stundenlang blieb, wie es mich wütend machte, dass ich nichts ändern konnte und immer wieder Ablehnung und Abwertung erfuhr , und wie ich letztlich das Buch entdeckte und es in wenigen Stunden verschlungen habe. Wie ich dabei jedes einzelne Wort in mich aufgesaugt habe und wie es mein Leben verändert hat. Wie ich die ersten Erfolgserlebnisse hatte und nach und nach selbstbewusster wurde, wie ich Anerkennung bekam und wieder Freude in mir verspürte. Wie die Last in meiner Brust sich löste, wie ich neue Freundschaften schloss und mein Leben sich mit Leichtigkeit füllte. Es ist unvermeidlich, dass der Zuhörer dann auch diese Gefühle empfinden wird, je nach Person und Empathievermögen mehr oder weniger.

Man kann auch Emotionen erzeugen, indem man emotional spricht, also Emotionen mit der Stimme erzeugt, was sich gut üben lässt. Erste und wichtigste Regel bezüglich der Stimme ist es, nicht monoton zu reden. Monotone Sprache ist der Aufmerksamkeitskiller Nummer eins. Lade deine Stimme mit Gefühlen auf. Gefühle der Begeisterung, Hoffnung und Neugierde sind die Gefühle, die eine Präsentation lebendig machen. Aber auch Gefühle wie Trauer, Ärger und Verzweiflung können sehr gut dargestellt werden. Sie können einen sehr guten Kontrast zu den vorher genannten positiven Gefühlen darstellen. Spiegelneuronen, also die Neuronen im Gehirn, die dafür sorgen, dass wir unbewusst unser Gegenüber spiegeln, sorgen dafür, dass diese Gefühle auch bei deinen Zuschauern erweckt werden. Somit bietest du deinen Zuhörern ein mitreißendes Erlebnis, das sie so schnell nicht vergessen werden. Als Erstes achte auch auf die Geschwindigkeit deiner Sprache. Ein zu schnelles Sprechen kann den Zuhörer irritieren und das Folgen deiner Rede erschweren. Ein zu langsames Sprechen dagegen kann die Menschen ebenfalls irritieren und sogar langweilen. Erinnere dich dran – die Aufmerksamkeitsspanne kurz ist.

Die Geschwindigkeit lässt sich gut variieren, um bestimmte Punkte in deiner Präsentation hervorzuheben. Wenn ich etwa unterstreichen möchte, dass eine wichtige Komponente der Rhetorik die Stimme ist, könnte ich das Wort „Stimme“ etwas langsamer sagen als den Rest des Satzes, und davor vielleicht eine Pause einlegen. Durch die Pause wird Spannung erzeugt, die Leute verstärken ihre Aufmerksamkeit an dieser Stelle und hören genau zu. Wenn du z. B. erzählst, wie das Rad sich schneller und schneller drehte, kannst du das mit der Schnelligkeit deiner Sprache kombinieren und somit unterstreichen, was du sagst. Dasselbe gilt für das Langsamerwerden des Rades.

Auch die Stimmhöhe ist maßgebend beim Sprechen. Eine etwas tiefere Stimme klingt überzeugend, kräftig und stabil, während eine höhere Stimme zarter und zerbrechlicher klingt. Du kannst gut mit der Stimmhöhe spielen, um wichtige Stellen zu betonen und auch, um Emotionen zu erwecken. Eine tiefe Stimme kann düster klingen und z. B. Trauer gut rüberbringen. Eine hohe Stimme kann beispielsweise Freude gut darstellen.

Unsere Stimme lässt sich übrigens sehr durch unsere Körperhaltung beeinflussen, denn die Körperhaltung hat einen Einfluss auf unsere Emotionen und Gefühle. Wenn du etwa Freude in der Stimme vermitteln möchtest, wird es dir mit einem zusammengeklappten Oberkörper und einem Ausdruck der Trauer im Gesicht sehr schwerfallen. Deine Körpersprache, Mimik, Gestik und Stimme sollten also aufeinander abgestimmt sein, einander unterstützen und miteinander harmonieren.

Körpersprache während der Präsentation

Du solltest sehr gut auf deine Körpersprache während des Präsentierens achten und sie beherrschen.

Wenn du vor dem Publikum stehst und ständig zu deinen Power-Point-Folien schaust oder auf deine Notizen, dann verlierst du rasch die Aufmerksamkeit deiner Zuhörer. Stelle dich stattdessen aufrecht und mit einem leichten Lächeln vor das Publikum, und fixiere am besten einen Punkt hinter dem Publikum oder im Publikum an, auf den du die meiste Zeit während der Präsentation schaust. So haben die Leute das Gefühl, dass du mit ihnen sprichst. Während der Präsentation kannst du den Blick durch das Publikum schweifen lassen und immer mal wieder einen anderen Punkt fokussieren. Behalte in Erinnerung, dass die meiste Zeit (ca. 95 %) der Blick auf das Publikum gerichtet werden sollte. Gelegentlich kann dein Blick in die Richtung der Folien oder des Posters gehen, um dich zu vergewissern, dass sie das zeigen, worüber du gerade sprichst. Natürlich kannst du auch stellenweise auf die Notizen schauen, um dich zu vergewissern, dass du nichts vergessen hast oder um zu sehen, wie es weitergeht.

Dein Körper sollte möglichst locker und entspannt sein. Dabei sollten deine Hände die Notizen halten oder locker neben oder vor deinem Körper sein. Du kannst sie einsetzen, um etwas zu unterstreichen oder zu zeigen, was du gerade erzählst. Übertreibe es jedoch nicht. Benutze die Hände lediglich sporadisch, wenn es sich gerade gut anbietet. Hände in den Taschen oder hinter dem Rücken sind hingegen äußerst unvorteilhaft.

Während der Präsentation bietet es sich an, den Raum einzunehmen, den du zur Verfügung hast. Du kannst etwa, während du zwei verschiedene Standpunkte vorstellst, zwei Seiten des Raumes benutzen. Nehmen wir an, du möchtest vorbildhafte Rhetoriker und lausige Rhetoriker gegenüberstellen, dann benutzt du z. B. die linke Raumseite, wenn du über die vorbildhaften sprichst und die rechte Raumseite, wenn du über die lausigen sprichst.

Auf diese Weise fällt es den Leuten leichter, umzuschalten und zwischen den zwei Gruppen zu unterscheiden, da du das Gesagte auch räumlich vermittelst.

Visuelle Darstellungsmittel

Wir Menschen nehmen Informationen mit all unseren Sinnen wahr, bei Präsentationen hauptsächlich über unsere Ohren und Augen. Einige unter uns sind visuelle Typen und behalten somit eher die Informationen, die sie sehen. Andere sind eher auditive Typen, d. h. sie nehmen Informationen besser über das Gehör wahr. Wenn wir also das Gesagte auch visuell darstellen, erreichen wir mehr Leute und es ist somit wahrscheinlicher, dass sie die vermittelten Informationen auch länger behalten.

Zur visuellen Ausführung der Information kann man verschiedene Medien benutzen. Du kannst hierfür etwa eine Power-Point-Präsentation nutzen, ein Flipchart o. Ä. Oft können auch Poster das Gesagte sehr gut wiedergeben.

Bei **Power-Point-Präsentationen** solltest du darauf achten, die Folien übersichtlich zu gestalten, d. h. nicht zu viel Text zu verwenden, und eine gut lesbare Schriftart zu wählen. Auch die Schriftgröße sollte passend ausgewählt und die Schriftfarbe ansprechend sein. Es ist essenziell, das Gesagte nicht wortwörtlich in den

Folien aufzuschreiben, sondern nur die Schlüsselworte oder Schlüsselphrasen auf die Folien zu bringen. Das Einbauen von passenden Bildern, Fotos oder Videos vermittelt den Inhalt noch besser. „Ein Bild sagt mehr als tausend Worte.“ Diesen Spruch hat sicherlich jeder schonmal gehört, aber wie oft wenden wir ihn wirklich an? Bei der nächsten Präsentation denke unbedingt daran, das Gesagte mit Bildern zu unterstreichen.

Die letzte Folie einer Präsentation kann man wiederum hervorragend nutzen, um eine Zusammenfassung zu erstellen: knapp und präzise, in wenigen Worten oder in einem Schlussfolgerungssatz. Denke daran: Die Mehrheit behält den Anfang und das Ende der Präsentation am besten im Gedächtnis.

Ein **Flipchart** lässt sich perfekt für Zeichnungen verwenden. Zu Anfang sollte möglichst kein Text auf dem Flipchart zu finden sein oder nur eine Überschrift. Das Flipchart eignet sich auch, um während des Vortrags eine Live-Darstellung anzufertigen. So kannst du etwa ein Histogramm zeichnen und die darauf zu erkennende Tendenz verdeutlichen, oder du könntest auf die Schnelle auch eine einfache Zeichnung oder Skizze erstellen. Diese Art der Live-Darstellung erzeugt beim

Publikum während des Erstellungsprozesses Neugierde, denn sie wissen nicht, was es werden soll. Somit ist die Live-Darstellung hervorragend geeignet, um die Aufmerksamkeit der Zuhörer zu erregen.

Beim Erstellen eines **Posters** solltest du ähnliche Prinzipien befolgen, wie bei den Power-Point-Präsentationen. Bilder, Skizzen, Grafiken und Histogramme sind immer von Vorteil. Suche das aus, was deinen Vortrag am besten visualisiert. Gerne kannst du auch mehrere bildhafte Darstellungen auf ein Poster bringen. Achte darauf, dass das Poster als Gesamtheit harmonisch wirkt und die verwendeten Elemente sich gut ergänzen. Das Poster sollte nicht zu viel Text beinhalten und die Schrift lesbar sein. Es genügt oft, die Kernaussagen, Schlüsselindikatoren u. Ä. auf einem Poster aufzuführen.

Wiederholungen

Wenn es etwas gibt, dass die Zuhörer unbedingt mitnehmen sollten aus der Präsentation, dann können Wiederholungen sehr wirksam sein. In Zusammenwirkung mit Betonungen wirken Wiederholungen am besten. Wenn ich beispielsweise erreichen möchte, dass die Zuhörer mitnehmen, dass Körpersprache bei der Kommunikation am einflussreichsten ist, dann kann ich diese Aussage an mehreren Stellen meiner Präsentation einbauen und meine Stimme etwas anheben, sobald ich das Wort wieder ausspreche. Nach einigen Wiederholungen könnte ich sogar einfach stehen bleiben mit meinem Vortrag, an dem Punkt, an dem das Wort „Körpersprache" kommen sollte, um dem Publikum die Möglichkeit zu geben, das Wort selbst zu ergänzen.

An dieser Stelle möchte ich wiederholend zusammenfassen, dass deine Präsentation nicht langweilig sein sollte. Mache sie nicht zu lange und wiederhole nur die allerwichtigsten Punkte. Achte darauf, betont zu sprechen, nicht zu schnell und nicht zu langsam. Sprich jedes einzelne Wort verständlich aus. So wird deine Präsentation zum Erfolg.

Und weil das freie Sprechen dich besonders überzeugend macht, kommt jetzt eine Checkliste, die dir dabei hilft:

Checkliste für freies Sprechen

1) Formuliere kurze Kernaussagen

Denke daran, immer auf den Punkt zu kommen mit deinen Aussagen. Frage dich immer, was genau du den Menschen mitteilen möchtest. Frage dich auch, was du in ihnen auslösen möchtest und wozu du sie bewegen willst. Was ist das Ziel deiner Rede?

2) Bringe die Kernaussagen in eine logische Reihenfolge

Baue deine Aussagen und Begründungen in einer logischen Reihenfolge auf. Ergänze die Begründungen mit passenden Beispielen, um sie verständlich und anschaulich zu machen.

3) Merke dir die Kernaussagen

Versuche alle Kernaussagen im Kopf zu behalten, um möglichst frei zu sprechen und somit überzeugender zu wirken. Viele Wiederholungen und Probe-Präsentationen helfen sehr gut dabei. Du kannst dir auch eine

Eselsbrücke oder eine Geschichte aus den Kernaussagen bauen, je nachdem, was bei dir besser funktioniert.

4) Stichpunkte auf Kärtchen als Hilfestellung

Schreibe ein paar Schlüsselwörter oder Schlüsselfakten auf Kärtchen, die du während der Rede in der Hand halten kannst, um nichts zu vergessen.

5) Verpacke die Aussagen in eine passende und ansprechende Sprache

Benutze eine lebhafte und vor allem einfache Sprache. Nutze hierfür eine emotionale Sprache und drücke dich einfach und für jeden verständlich aus. Kurze, aussagekräftige Sätze eignen sich dazu am besten. So kannst du dir die Rede gut merken, und die Hörer können dich leicht verstehen.

6) Üben, üben, üben (am besten vor dem Spiegel)

Übe deine Rede mehrmals und bereite sie gut vor. Alle großen Redner bereiten ihre Reden vor, oftmals sogar mit professioneller Unterstützung. Nimm dir genügend Zeit, damit die Rede gut sitzt.

Manipulationstechniken

Laut Duden ist Manipulation ein undurchschaubares, geschicktes Vorgehen, mit dem sich jemand einen Vorteil verschafft oder etwas Begehrtes gewinnt.

Manipulation, auch schwarze Rhetorik genannt, ist eher mit einer negativen Konnotation behaftet, kann aber auch mit guten Absichten eingesetzt werden und zu positiven Ergebnissen führen, für alle Beteiligten.

Emotionale Manipulation – Schuldgefühle

Manipulationen funktionieren oft durch emotionales Angreifen von Personen. Emotionales Angreifen passiert, indem jemand negative Emotionen im Gegenüber erzeugt. Da es niemand mag, in negativen Emotionen, wie Angst, Trauer o. Ä. zu verweilen, treiben diese Gefühle die manipulierte Person zu bestimmten Handlungen an. Dies ist die Absicht des Manipulators. Schuldgefühl ist eines der besten Gefühle, mit welchen du manipulieren kannst. Du kannst jemandem die Schuld für eine bestimmte Situation geben. Ein Beispiel könnte sein: „Immer machen wir alles so, wie du willst. Deshalb bin ich unglücklich." Die Person wird also für das Unglücklichsein von einer anderen Person verantwortlich gemacht. Was das Ganze noch verstärkt, ist, dass das Verhalten dieser Person verallgemeinert wird. Die Schlüsselworte sind hierbei „immer" und „alles". Damit verallgemeinert der Sprecher in diesem Fall das Verhalten der anderen Person und gibt ihm dann die Schuld dafür, dass er selbst unglücklich ist. Die Aussage hat keine Beispiele und ist als ein Angriff formuliert. Das führt in den meisten Fällen zu keiner Lösung. Ein Angriff ist keine gute Basis für eine konstruktive Diskussion. Ein Angriff führt zum Gegenangriff, zur Verteidigung oder zur Manipulation. Ich erläutere im Weiteren genauer alle möglichen Reaktionen und ihre Folgen.

Inhaltlich nimmt der Sprecher die Position eines Kindes ein, denn er macht sein Gegenüber für sein Glück verantwortlich und wie wir alle wissen, sind nur wir selbst für unser Glück verantwortlich. Demzufolge kann keine konstruktive Diskussion aufgebaut werden. Zum Vergleich könnte die gleiche Aussage auf folgende Art und

Weise kommuniziert werden: „Ich habe das Gefühl, dass ich nicht gehört und ernst genommen werde bei den Entscheidungen, die wir treffen und das schon einige Male. Wir machen das, worauf du Lust hast, wie letztes Wochenende, als wir das Restaurant aussuchten oder beim Auswählen des Filmes im Kino am Dienstag. Ich hätte gerne, dass meine Vorschläge auch wahrgenommen und umgesetzt werden.“ Wenn die Formulierung so gewählt wird, dann wird die Aussage aus der Ich-Perspektive gemacht. Der Sprecher teilt seinem Gegenüber seine Gefühle mit und somit gibt es keinen Angriff oder Schuldzuweisungen. Diese Ausgangssituation sorgt für Offenheit des Gegenübers, um diese Mitteilung zu erhalten. Außerdem ist die Aussage nicht verallgemeinert, sie ist mit konkreten Beispielen belegt, was eine sehr gute Grundlage für eine konstruktive Diskussion bietet. Am besten kann die Aussage ergänzt werden durch: „Ich bin mir sicher, du hast das nicht mit Absicht gemacht. Es war dir sicherlich nicht bewusst.“ Somit verstärken wir die Tatsache, dass wir keine Schuldzuweisungen ausüben. Wir betonen, dass wir davon ausgehen, dass es unserem Gegenüber nicht bewusst war. Achte darauf, dass du keine Ironie verwendest. Ironie würde an dieser Stelle den entgegengesetzten Effekt hervorrufen.

Kommen wir nun zurück zur Manipulation. Sehen wir uns die möglichen Reaktionen des Gegenübers auf sie an. Wie zuvor erwähnt, kann die Reaktion auf einen Angriff ein Gegenangriff, die Verteidigung oder das Annehmen der Manipulation sein. Im ersten Fall, dem Gegenangriff, kann die Person z. B. dem Sprecher die Schuld zurückgeben: „Du bist selbst schuld. Du bist dafür verantwortlich, ob du glücklich bist oder nicht.“ Im zweiten Fall, der Verteidigung, kann unser Gegenüber entweder komplett abblocken und nicht mit sich reden lassen oder seinen Standpunkt noch vehementer verteidigen.

In diesen beiden Fällen hat die Manipulation nicht ihren Sinn und Zweck erfüllt. Die Manipulation kann nur funktionieren, wenn unser Gegenüber diese Schuldzuweisung annimmt und tatsächlich den Fehler in sich sieht. Wenn also das Gegenüber leicht zu beeinflussen ist und dem Sprecher alles so abnimmt, wie er es sagt, dann funktioniert die Manipulation, und kann dazu benutzt werden, das Gegenüber zu einer Verhaltensänderung zu bewegen.

Konflikten aus dem Weg gehen oder beschwichtigen

Eine weitere Art der Manipulation ist es, bei einem Angriff zu beschwichtigen, also sich zu entschuldigen und zu sagen, dass man das so nicht wollte und sich somit schnell aus dem Problem befreien. Wenn wir aber die Entschuldigung nicht ernst meinen, löst sie das Problem nicht. Oft machen das die Manipulatoren, um sich aus einer Sache herauszuwinden und sich nicht weiter mit dem Problem auseinandersetzen zu müssen. Sie entschuldigen sich und vermeiden die Auseinandersetzung für ihr Verhalten, machen aber genauso weiter, wie zuvor. Eine ähnliche Methode ist es, das Thema des Gesprächs vom Konfliktthema weg zu lenken. Das führt zum gleichen Ergebnis, kann das Gegenüber aber viel leichter verärgern, da die Person sich durch dieses Verhalten nicht ernst genommen fühlen kann.

Äußere Umstände

Eine andere Art der Manipulation wäre es, für das erwähnte Problem die äußeren Umstände verantwortlich zu machen. Somit entzieht man sich der Verantwortung und vernichtet die Angriffsfläche. Natürlich können äußere Umstände eine Rolle beim Entstehen und Bestehen eines Problems spielen. Doch gibt es immer Handlungsmöglichkeiten, die jedem offenstehen und mit denen man ein Problem beeinflussen kann. Hierbei geht es darum, selbst eine aktive Rolle bei der Gestaltung seines Lebens einzunehmen und die Geschehnisse nicht einfach über sich ergehen zu lassen. Es geht um die Anerkennung und den Ausbau seines Wirkungsgrades in seinem eigenen Leben. Man kann natürlich für alles die Regierung, das System und das Wetter verantwortlich machen, nur löst man damit keine Probleme und baut auch keine konstruktive Diskussion auf.

Scheinargumente

Scheinargumente sind ebenfalls sehr wirkungsvolle Instrumente für Manipulatoren. Es sind Argumente, die beim genaueren Hinschauen eigentlich keine sind, die aber benutzt werden, um Menschen zu beeinflussen. Ein Traditionsargument ist eines von der Sorte der Scheinargumente, etwa „Das haben wir schon immer so gemacht“ oder „Wo kommen wir dann hin?“ Beides sind Aussagen, die kein rationales Argument beinhalten.

Ein weiteres Scheinargument ist ein sogenanntes Autoritätsargument, beispielsweise „Der Lehrer hat das gesagt“ oder die Mutter oder Tante. Diese Personen sind natürlich keine ultimative Quelle der Wahrheit, denn sie können sich ebenso irren. Prüfe deshalb stets die Quellen der Informationen, die du erhältst.

Emotionale Manipulation – Mitleid

Eine weitere, sehr gut funktionierende, emotionale Manipulation ist, Mitleid beim Gegenüber zu erwecken. Wenn es einem gelungen ist, dann hat man sein Gegenüber schon auf seiner Seite und er tut, was der Manipulator will. Meistens ist das vom Manipulator erweckte Mitleid durch Lügen oder Übertreibungen entstanden. Es kann z.B. ein Arbeitskollege sein, der dir davon berichtet, wie unfair der Boss sich ihm gegenüber verhält, dass er ihn ständig mit zu viel Arbeit überlädt und dass er kaum noch Zeit für sich hat und deswegen schon gesundheitliche Probleme hat. Er darf den Job aber nicht verlieren, da er damit seine Familie ernährt. Dann bittet er dich ihm zu helfen oder jammert so lange weiter, bis du deine Hilfe selbst anbietest. Die Manipulatoren befinden sich dabei immer in die Opferrolle und sind nie an etwas Schuld. Ihr Ziel ist es, Mitleid zu erregen, um daraus Vorteile für sich selbst zu ziehen. Falls du also bemerken solltest, dass du dich öfter von jemandem überlastet fühlst, hinterfrage gerne die Begründungen und die Geschichten, die dich dazu bringen, das zu machen, was du anfänglich gar nicht vorhattest zu tun, in diesem Fall also die Arbeit für diese Person auf dich zu nehmen.

Emotionale Manipulation – Angst

Ein weiteres hervorragendes Gefühl, um zu manipulieren, ist die Angst. Angst gehört zu den acht Grundemotionen, die Menschen fühlen können, und bildet somit die Grundlage für andere Emotionen. Angst ist also in vielen anderen Emotionen und Gefühlen enthalten. Sie ist überlebensnotwendig für Menschen, denn sie kann uns vor lebensbedrohlichen Situationen schützen und uns am Leben erhalten. Angst kann starke Auswirkungen auf unser Verhalten haben. Sie kann z. B. die „Fight-or-Flight-Reaktion“ aktivieren, was übersetzt Kampf- oder Fluchtreaktion bedeutet. Dies ist eine Anpassungsreaktion von Menschen und Tieren, die in einer Gefahrensituation aktiviert wird. Sie lässt uns in Sekundenschnelle die Situation einschätzen, und entscheiden, ob es besser ist zu bleiben und zu kämpfen oder zu fliehen. Eine andere, körperliche Reaktion auf Angst ist die Angststarre. Sie lähmt den Körper und macht ihn vollkommen handlungsunfähig. Angst kann somit uns zu den irrationalsten Handlungen bewegen, die wir uns nicht erklären können und die wir oft im Nachhinein bedauern.

Es gibt verschiedene Arten von Ängsten, die Menschen empfinden können. Zu den am verbreitetsten Ängsten zählen Verlustängste, also insbesondere die Angst, etwas Erworbenes zu verlieren, ausgeschlossen zu werden, nicht wahrgenommen zu werden, nicht gut genug zu sein, die soziale Angst, beschämt oder hintergangen zu werden und die Angst vor emotionalen oder körperlichen Verletzungen. Die meisten Ängste stammen von Traumata aus der Kindheit und sind konditioniert. D. h. sie sind Konsequenzen aus wiederholtem Verhalten aus unserer Umgebung im Kindesalter.

Kurzer Exkurs zur Konditionierung: Die klassische Konditionierung wurde vom russischen Wissenschaftler Iwan Petrowitsch Pawlow als Teil der behavioristischen Theorie begründet. Er führte ein Experiment durch, dass die Konditionierung anhand des Verhaltens eines Hundes zeigt. Dieses Verhalten wurde dann auch für den Menschen übertragen und nachgewiesen. Das Experiment beinhaltete zwei Komponenten, die für die Konditionierung notwendig waren. Zum einen die unkonditionierten (natürlichen) Reize und Reaktionen und auf der anderen Seite die konditionierten (erzeugten) Reize und Reaktionen. Die konditionierte Reaktion wird durch wiederholtes Verhalten und die natürliche Reaktion auf einen Reiz erzeugt. Im Experiment von Pawlow war der unkonditionierte Reiz das Hundefutter und die unkonditionierte Reaktion darauf der verstärkte Speichelfluss des Hundes. Der erzeugte (konditionierte) Reiz war das Läuten einer Glocke, welches nach wiederholtem Ertönen vor der Übergabe des Hundefutters an den Hund nun auch die Reaktion des verstärken Speichelflusses auslöste. Dieses Experiment zeigt, dass das Verhalten der Hunde und auch der Menschen trainierbar ist und dass unser Gehirn Assoziationen mit bestimmten Geräuschen, Bildern, Gerüchen und Geschmäckern herstellt. Wenn wir etwa als Kind schlechte Noten bekommen haben und ausgelacht wurden, weil wir nicht präsentieren konnten, können wir im Erwachsenenalter die besten Rhetoriker geworden sein, aber immer noch Angst davor haben, uns vor dem Publikum zu blamieren. Wir können in diesem Fall die folgende Verbindung bilden: Ich strenge mich an, um eine Präsentation zu erstellen und ich werde ausgelacht. Ich werde mich am besten nicht mehr anstrengen. Andere Menschen, die als Kind immer gelobt wurden beim Präsentieren und die besten Noten bekamen, verbinden mit dem Präsentieren Freude und Erfolg. Sie bilden die Assoziation: Ich strenge mich an, mache eine Präsentation und werde belohnt. Es ist gut, sich anzustrengen. Anhand dieses Beispiels ist deutlich zu erkennen, dass ein und derselbe Reiz verschiedene (erlernte/konditionierte) Reaktionen hervorruft, je nachdem, welche Assoziationen damit gebildet worden sind.

Ein weiteres Beispiel: Wenn wir als Kind von einem Hund angegriffen worden sind, als wir abends rausgingen, und wir noch zu klein waren, um uns zu wehren, kann sich auch noch im Erwachsenenalter beim Anblick eines Hundes in uns Angst ausbreiten. Außerdem könnten wir die Assoziation bilden, dass, wenn wir abends rausgehen, etwas Schlimmes passieren wird.

Je nachdem, was wir als Kind erlebt haben und welche Überzeugungen wir in uns tragen, sind bestimmt Ängste mehr oder weniger in uns ausgeprägt und können damit Angriffsfläche für Manipulationen bieten.

Wie können wir nun durch unsere Ängste manipuliert werden?

In der Werbung beispielsweise wird uns oft suggeriert, dass wir nicht gut genug sind, wenn wir diese

Einrichtung, dieses Auto oder diese Uhr nicht besitzen. Wenn wir durch diese Angst, nicht gut genug zu sein, getriggert werden können, dann sind wir anfällig dafür, von Werbung manipuliert zu werden.

Ein Mittel, das auch oft in der Werbung von Produkten und Dienstleistungen eingesetzt wird, ist das Setzen von Fristen – z. B. „Dieses Angebot ist nur noch bis morgen gültig“. Mit der gleichen Wirkung wird in der Werbung oft künstliche Knappheit erzeugt – „Es sind nur noch vier Plätze frei für das Webinar“, „Es sind nur noch drei

Bücher auf Lager“. Durch die Fristen und die künstliche Knappheit wird die Angst, sich etwas entgehen zu lassen, getriggert und das Bedürfnis erzeugt, sich dieses Produkt unbedingt kaufen zu müssen. Das gleiche Prinzip wirkt bei Rabattaktionen. Man weiß nicht, wie lange eine Aktion noch bleibt und daher möchte man sie sich zunutze machen, solange es noch möglich ist.

Im Bekanntenkreis kann mit Phrasen wie: „Hör auf mit diesem Unsinn, willst du dich lächerlich machen?“ manipuliert werden. Hiermit wird die Angst davor, seinen Status zu verlieren und ausgelacht oder abgewertet zu werden getriggert, und damit werden auch die gewünschten, vorgenommenen Handlungen nicht vollbracht.

Damit du durch deine Ängste nicht manipuliert werden kannst, muss du dir ihnen zunächst bewusst werden. Du musst dir eingestehen, diese Angst zu haben. Wenn du deine Angst wahrnimmst und weißt, dass z. B. die Werbung oder jemand aus deinem Umfeld auf sie abzielt, dann vermindert sich die Wahrscheinlichkeit stark, dass du manipuliert wirst. Nach Möglichkeit kann diese Angst bewältigt werden, z. B. mithilfe einer Therapie oder indem du dich der Angst stellst und sie überwindest. Wenn jemand keine Angst hat, kann er auch nicht über sie manipuliert werden.

Unsere Ängste können am einfachsten von den Menschen getriggert werden, zu denen wir Vertrauen haben. Je mehr Vertrauen, desto einfacher sind die Ängste zu triggern. Es können Menschen aus deinem engsten Freundeskreis sein, Familienangehörige oder Menschen, die durch bestimmte Tools dein Vertrauen gewonnen haben, und oft Menschen, die dir etwas verkaufen wollen. Diese Menschen können sich des Hilfsmittels des schnellen Vertrauenschaffens bedienen. Wenn dir etwa eine unbekannte Person viele Informationen von sich preisgibt, die sie normalerweise nur ihren engsten Vertrauten erzählen würde, dann gibt sie dir das Gefühl, dass du ihre Vertrauensperson bist. Es können eigene Erfahrungen oder Gefühle und Träume sein, von denen die Person berichtet. Das erzeugt Vertrauen. Und Vertrauen erzeugt Gegenvertrauen. Wenn dir jemand also erstaunlich schnell seine intimsten Geheimnisse anvertraut, dann sollten deine Alarmglocken läuten. Es ist sehr wahrscheinlich, dass diese Person versucht, dir Informationen zu entlocken, durch eigene Offenheit. Hierbei sind die Informationen mit großer Wahrscheinlichkeit erfunden - sie entsprechen nicht der Wahrheit. Das Erzählen von eigenen Erfahrungen, Gefühlen und Träumen beinhaltet einen weiteren Effekt. Wenn du selbst ähnliche Gefühle gehabt oder Erfahrungen gemacht hast, dann erkennst du dich im Erzählten wieder und identifizierst dich mit dieser Person. So wird eine noch stärkere Verbindung aufgebaut und du bist noch einfacher zu beeinflussen. Oft werden diese eigenen Erfahrungen von den Manipulatoren bewusst so gewählt, dass sie auf die Mehrheit der Menschen zutreffen. So ist die Wahrscheinlichkeit groß, dass sich möglichst viele angesprochen fühlen. Das wird im Verkauf oft praktiziert, da der Verkäufer dich nicht gut kennt. Kennt dich eine Person besser, kann sie die Manipulationen gezielter auswählen und einsetzen.

Ein ähnliches Tool zum Erschaffen von Vertrauen ist das Erzählen von Halbwahrheiten. Man erzählt etwas, was der Wahrheit entspricht, vielleicht sogar wissenschaftlich belegt ist und gewinnt somit das Vertrauen des Gegenübers. Nun kann man Lügen und falsche Fakten einbauen und sie stellenweise mit der Wahrheit kombinieren. Dadurch sind die Lügen nur schwer zu entlarven und das Gegenüber kann manipuliert werden.

Manipulation im Verkauf

Im Verkauf spielt Rhetorik eine grundlegende Rolle. Wie im vorherigen Kapitel besprochen, kann der Verkauf durch das Auslösen von Emotionen wie Angst angetrieben werden. Zusätzlich nehmen beim Verkauf weitere Aspekte eine wichtige Position ein. Es ist unvermeidbar, den sogenannten Pain Point vom Kunden zu kennen. Dieser Pain Point ist das Problem des Kunden, das durch das Produkt gelöst werden soll, welches du verkaufst. Somit haben wir ein Problem und eine dazu passende Lösung. Beim Kundengespräch kannst du anfänglich durch bestimmte Fragen diesen Pain Point erörtern, wie z. B.: „Wonach suchen Sie genau?", „Kann ich Ihnen weiterhelfen?" u. a. Fragen helfen dir nicht nur, den Pain Point zu erkennen, sondern zeigen auch Interesse am Kunden, und geben ihm das Gefühl, gut aufgehoben zu sein, wodurch Vertrauen geschaffen wird. Durch das Umformulieren und Wiederholen seiner Antworten gibst du dem Kunden das Gefühl, verstanden zu werden, was noch mehr Vertrauen erweckt und die Hoffnung nährt, dass das Problem oder der Pain Point gelöst oder behoben werden kann. Wenn der Kunde also zu dir kommt und darüber klagt, dass ihm die Leute bei Präsentationen von

Referaten in der Schule meist nicht zuhören, und dass es ihm schwerfällt, überzeugend zu wirken, so kannst du antworten: „Ich verstehe, du hast also ein Problem, die Aufmerksamkeit des Publikums zu bekommen und sein Vertrauen zu gewinnen." Somit bekommt der Kunde das Gefühl, dass du ihm aufmerksam zugehört hast und sein Problem verstehst. An dieser Stelle könntest du auch auf die Emotionsebene übergehen, um noch mehr Vertrauen vom Kunden zu bekommen, indem du danach fragst, wie es sich für ihn anfühlt, dieses Problem zu haben.

Nach der Phase des Vertrauenschaffens kommt die Phase der Produktpräsentation, in der du die Chance hast, den Kunden zu überzeugen, dass du genau das hast, was er benötigt. Das Überzeugen mithilfe der Grundlagen des Präsentierens kann für den Verkauf übernommen werden. Der Verkäufer präsentiert schließlich seine Ware und will den potenziellen Käufer überzeugen. Das Argumentieren, also das Präsentieren von Fakten, dient hier dazu, den Kunden zu überzeugen, dass du ihm die Lösung seines Problems bieten kannst. Klagt der Kunde darüber, dass er nie jemanden überzeugen kann und dass ihm nie jemand zuhört, und du hast den Ratgeber „Rhetorik für Anfänger", den du zu verkaufen hast, so könnest du mit Fakten argumentieren, etwa, dass der Ratgeber aktuell ist und die neusten Trends der Überzeugungskunst vermittelt, dass er einfach zu lesen ist und viele praktische Beispiele enthält, dass er Checklisten hat usw. Doch das alles ist unwichtig, solange der Kunde nicht davon überzeugt ist, dass dieses Buch sein Problem lösen wird.

Deshalb fokussiere dich in der nächsten Phase der Produktpräsentation eher auf das Endergebnis als auf die Features der Lösung – in diesem Fall des Buches. Es nützt nichts, wenn ich dem Kunden davon erzähle, dass das Buch vom besten Verlag ist und von einem Professor aus Harvard geschrieben worden ist, solange für den Kunden unklar ist, ob das Buch sein Problem tatsächlich lösen kann, denn dafür ist er da, und dafür ist er bereit, Geld auszugeben. Stattdessen ist es viel wirksamer, über das Endergebnis zu sprechen. Du könntest sagen:

„Dieser Ratgeber hier beinhaltet genau die Antworten auf deine Fragen. Er zeigt praktische Methoden auf, wie man bei Referaten in der Schule die Aufmerksamkeit des Publikums gewinnt. Er schildert auch Aspekte, die dazu verhelfen, überzeugend zu wirken und das Vertrauen der Leute in kurzer Zeit für sich zu gewinnen. Alle Methoden sind einfach

dargestellt und leicht anzuwenden." Mit diesen drei Sätzen hast du die Lösung für das Problem des Kunden dargestellt und er bekommt das Gefühl, dass er genau das gefunden hat, wonach er sucht und dass es wert ist, in dieses Buch zu investieren. Es wird sein Problem lösen. Somit ist der Kunde zufrieden und du auch.

Zur Bestärkung könntest du noch ergänzen, dass du Leute kennst, die sehr große Fortschritte mithilfe des Buches gemacht haben oder sogar, dass du es selbst gelesen hast. Erfahrungsberichte wirken immer sehr überzeugend. Je detaillierter, desto besser. An dieser Stelle könnte man auch ein paar Emotionen einbauen und davon erzählen, wie verzweifelt jemand mit dem Thema Präsentationen war und welche Probleme er dadurch hatte und wie sie sich gelöst haben durch die in diesem Buch beschriebenen Methoden. *(Siehe Kapitel: Erwecken von Emotionen)*

Kognitive Verzerrung

Kognitive Verzerrungen sind sogenannte Softwarefehler unseres Gehirns. Es ist die Verzerrung der Verarbeitung unserer Wahrnehmung u. A. unserer Wahrnehmung der Sprache. Wenn wir wissen, wie sich gewisse Aspekte der Sprache auf uns auswirken, sind wir diesen kognitiven Verzerrungen nicht so sehr ausgesetzt und können ihre Wirkung bewusst wahrnehmen und kontrollieren.

Was gehört nun aber zu den Aspekten, die zu einer kognitiven Verzerrung gehören? Es ist etwa das Nuscheln einer Person oder ein starker Akzent, der die Glaubwürdigkeit dieser Person verringert. Eine deutliche Aussprache mit einfach zu verstehenden Worten lässt die Glaubwürdigkeit hingegen ansteigen.

Das Aussehen einer Person spielt ebenfalls eine bedeutende Rolle, wenn wir unseren Gesprächspartner sehen können. Sieht unser Gesprächspartner gut aus, so glauben wir ihm auch eher als einer Person, die nicht gut aussieht. Das Gleiche gilt für die Stimme einer Person. Klingt die Stimme angenehm für uns, ist sie auch glaubwürdiger. Absurd, aber wahr. Dieser Effekt nennt sich der Haloeffekt, auf Deutsch übersetzt der Heiligenscheineffekt. Wenn wir in einer Person eine gute Eigenschaft erkennen, so sind wir dazu geneigt in dieser Person weitere gute Eigenschaften zu suchen und zu sehen oder besser gesagt: sehen zu wollen.

Ein weiterer interessanter Effekt ist der „Above the Average Effekt“, übersetzt der „Über-Dem-Durchschnitt-Effekt“. Die meisten Menschen glauben, besser als der Durchschnitt zu sein und somit auch recht zu haben. Es ist wertvoll, dieses Verhalten zu beachten, denn so können wir unser Gegenüber gut beeinflussen. Wir könnten ihm z. B. Komplimente machen und ihn somit in seiner Position bestätigen. Dadurch gewinnen wir seine Offenheit und sein Vertrauen.

Frames

Der Frame, also der Deutungsrahmen dessen, was gesagt wird, ist ebenso sehr einflussreich. Frames sind all die Assoziationen, die wir mit einem Wort herstellen können. Es sind alle Sinneseindrücke, die wir bisher im Zusammenhang mit diesem Wort in unserem Gedächtnis abgespeichert haben. Wenn wir etwa Rhetorik hören, dann denken wir an Sprache, Einfluss, Überzeugung, Manipulation, Kommunikation, Konflikte etc., also alles, was wir bisher mit diesem Wort in Verbindung gebracht haben. Diese Frames werden durch Sprache aktiviert und geben den Worten eine Bedeutung. Frames sind also das, was wir mit einem Wort assoziieren. Sie beeinflussen unsere Wahrnehmung und somit unser Verhalten. Frames zu ein und demselben Wort können sich von Person zu Person unterscheiden, je nachdem, in welchem Zusammenhang die Person das genannte Wort erlebt hat. Frames von Adjektiven unterscheiden sich minimal.

Frames und Ausdrucksweisen

Frames sind auch Deutungsrahmen, in welche wir die Inhalte setzen. Die Ausdrücke, die wir benutzen, um etwas mitzuteilen. Du kannst ein und dieselbe Begebenheit verschieden ausdrücken und schon hast du eine vollkommen andere Wirkung auf dein Gegenüber erreicht. Wenn du z. B. über Geflüchtete sprechen möchtest, und nennst das Ankommen der Geflüchtete eine Flüchtlingskrise, so hast du eine negative Konnotation mit dem Ereignis verbunden, denn du sprichst von einer durch Geflüchtete erzeugten Krise. Wenn du stattdessen das Wort Flüchtlingsstrom benutzt, bewertest du zunächst nicht das Ankommen der Geflüchtete in einem Land. Du drückst aber damit aus, dass das Ereignis einen gewissen Druck verursacht. Du könntest auch Flüchtlingswelle sagen. Das hat wieder eine andere Wirkung. Es erweckt die Erwartung einer weiteren „Welle", die noch kommt oder einer noch nie dagewesenen „Welle".

An diesem Beispiel kannst du bereits sehen, wie groß die Kraft der Worte ist und wie Worte eine ganze Bandbreite an Interpretationen mit sich bringen können.

Ein anderes Beispiel wäre ein Unternehmen, das die Digitalisierung einführen möchte. Die Manager beabsichtigen dieses Ereignis den Mitarbeitern mitzuteilen. Sie wollen eine offene Haltung der Mitarbeiter für diesen Wandel erzeugen. Wenn der Manager nun die Digitalisierung ankündigt, könnte er etwa sagen: „Die Digitalisierung schafft neue Möglichkeiten für unser Unternehmen. Sie verhilft uns zu schnelleren Problemlösungen und damit zu einer Entlastung der Mitarbeiter." Oder er könnte sagen: „Die Digitalisierung trifft unser Unternehmen mit voller Wucht." Letztlich kündigt der Manager ein und dasselbe Ereignis an, erzeugt aber eine vollkommen unterschiedliche Reaktion und Haltung der Mitarbeiter auf dieses Ereignis.

Im ersten Fall erreicht der Manager durch seine Ankündigung der Digitalisierung eine offene Haltung bei seinen Mitarbeitern. Er zeigt seinen Zuhörern die Vorteile auf, die die Digitalisierung für das Unternehmen bietet. Er unterstreicht auch die Vorteile, die die Mitarbeiter erlangen. So motiviert der Manager sein Team, die Digitalisierung anzunehmen und alles Nötige für ihre Einführung zu tun.

Im zweiten Fall bringt der Manager die Digitalisierung mit dem Wort „Wucht" zusammen. Dieses Wort verbinden die meisten Personen mit Unkontrollierbarkeit, Zerstörung und Härte. Durch den Ausdruck „Die Digitalisierung trifft unser Unternehmen mit voller Wucht" werden genau diese Assoziationen in den Mitarbeitern hervorgerufen. Sie erzeugen eine natürliche Verschlossenheit und Widerstand bei den Mitarbeitern. Der Manager stellt das Unternehmen und die Mitarbeiter als passive Opfer der Lage dar. Durch den Ausdruck „... trifft unser Unternehmen..." wird eine gewisse Unkontrollierbarkeit und Machtlosigkeit ausgedrückt. Genauso werden sich die Mitarbeiter nach dieser Ansprache auch fühlen. Sie werden sich gegen die Digitalisierung wehren und nur schweren Herzens das tun, was dafür erforderlich ist.

Die Wortwahl entscheidet also maßgeblich über die Aktivierung möglicher Frames und somit auch über die Reaktion der Zuhörer auf das Gesagte, ebenso wie über ihr Verhalten.

Es gibt ein interessantes, wissenschaftliches Experiment, welches belegt, dass Worte sich auf unser Verhalten auswirken. In diesem Experiment wird das Verhalten von zwei Gruppen untersucht. Eine Gruppe bekommt einen Text zum Lesen, der sehr viele negativ behaftete Worte beinhaltet, wie aggressiv, verärgert, unhöflich, angespannt etc. Die zweite Gruppe bekommt einen anderen Text zum Lesen, der Worte wie geduldig, höflich, sensibel, freundlich, ausgeglichen etc. beinhaltet. Im Anschluss an die erste Phase des Experiments werden die Teilnehmer gebeten, die Fragen, die sich aus dem Lesen des Textes ergeben haben, nacheinander einem Professor zu stellen. Somit wird künstlich eine Situation erschaffen, in der die Teilnehmer sehr lange warten müssen, bis sie an der Reihe sind, denn der Professor ist in ein anderes Gespräch verwickelt.

Die erste Gruppe, die den Text mit negativ behafteten Worten gelesen hat, unterscheidet sich in ihrem Verhalten beim Warten deutlich von der zweiten Gruppe, die den Text mit den positiv konnotierten Worten gelesen hatte.

Die Probanden der ersten Gruppe waren deutlich angespannter, drängten sich in das Gespräch und unterbrachen es. Die Probanden der zweiten Gruppe waren hingegen deutlich ruhiger und gelassener, verhielten sich höflich und warteten ab, bis sie an der Reihe waren. Mit diesem Experiment wird deutlich, dass Worte einen direkten Einfluss auf unser Verhalten haben.

Ein paar weitere sehr häufige Framings, die in der Werbung benutzt werden, sind Framings, die etwas positiv erscheinen lassen und den Kunden zum Kauf antreiben. Ein Beispiel ist ein Gericht oder Produkt, das als 90 % fettfrei angekündigt wird, statt 10 % fetthaltig. Fett wird mit etwas Negativem in Verbindung gebracht, dass der Gesundheit schadet. Wenn also das Wort „fettfrei" benutzt wird, stimmt es den Zuhörer schon einmal positiv. Wenn dazu auch noch eine so hohe Prozentzahl wie 90 % verwendet wird, überzeugt es die meisten Personen bereits vom Kauf, obwohl es im Grunde dasselbe bedeutet wie 10 % fetthaltig, was uns aber eher abschrecken würde, dieses Produkt zu kaufen.

Dasselbe funktioniert auch mit dem Wort „kostenfrei". Das haben alle gerne. Wenn wir etwas angeboten bekommen, was sowieso kostenfrei wäre, wie das Abonnieren eines YouTube-Kanals, klingt es trotzdem um einiges ansprechender für uns, wenn angekündigt wird, dass es kostenfrei ist. Genauso hat die Aufforderung, den Kanal zu abonnieren, eine Wirkung auf den Zuschauer, obwohl jeder selbst weiß, dass er diese Möglichkeit hat. Wenn du also einen YouTube-Kanal siehst und der gleiche Kanal mit dem gleichen Inhalt hätte zum Schluss oder am Anfang der Videos eine Aufforderung zum kostenlosen Abonnieren des Kanals, wäre die Wahrscheinlichkeit, dass du ihn abonnierst, um einiges höher.

Wir Menschen sind von Natur aus eher passive Wesen. Wir warten auf Aufforderungen und mögen Kostenloses.

Frames haben nichts mit rationalem Bewerten gemeinsam. Sie wirken nicht durch Fakten oder Rationalität, sondern durch emotionale Deutungen. Frames abzurufen ist sehr einfach, fast schon automatisch. Es ist nicht zu verhindern, in Frames zu denken, deshalb ist die Gefahr, durch diese manipuliert zu werden, sehr hoch. Es ist sehr einfach, mit simplen Mitteln, Meinungen und Entscheidungen zu beeinflussen. Wenn du nur ein einziges Wort austauschst, kannst du aus einem „Problem" eine „Herausforderung" machen, aus einem „Unfall" ein „Missgeschick", aus einer „Sterberate" eine „Überlebenschance" und aus einer „Kritik" eine „Hasswelle".

Framing existiert, solange es Sprache gibt und wird nicht nur zum Manipulieren verwendet. Framing kann auch hilfreich, sinnvoll und zeitsparend sein. Es hilft dem Gehirn, komplexe Sachverhalte schnell und einfach zu verstehen.

Um die manipulativen Effekte des Framings abzuschwächen, hilft es schon, sich einfach dessen Existenz bewusst zu sein, und zu hinterfragen, wieso jemand etwas genau so sagt, wie er es sagt.

Priming und Schubladendenken

Priming ist eng mit Schubladendenken verbunden, was genauso sinnvoll und hilfreich, wie auch manipulativ sein kann. Sinnvoll daher, weil wir mithilfe des Schubladendenkens schnell etwas zuordnen können. Hätte der Mensch z. B. immer erst überlegen müssen, was er sieht, z. B. bei jedem einzelnen Mammut, hätte er wahrscheinlich nicht lange überlebt. Jetzt, viele tausend Jahre nach dem Aussterben der Mammuts, lebt das Schubladendenken weiter und kann zur Grundlage des Manipulierens werden.

Reize sind für das Gehirn unglaublich wichtig, sowohl zum Überleben als auch zum Bewältigen der alltäglichen Aufgaben. Im vorhin genannten Beispiel mit dem Mammut ist das Mammut selbst ein Reiz, also ein Gegenstand, der eine bestimmte Reaktion im Gehirn auslöst, z. B. die Reaktion, sich in Sicherheit bringen zu müssen. Genauso kannst du statt eines Mammuts eine Person sehen, die dich an eine andere Person erinnert, mit der du negative Erfahrungen gemacht hast. Schon reagierst du abgeneigt auf diese Person, was aber ein reiner Schutzmechanismus ist, um nicht erneut verletzt zu werden. Du nimmst die Person also nicht wahr, wie sie wirklich ist, sondern bewertest sie schon unbewusst, ohne sie zu kennen und steckst sie somit in eine Schublade.

Unser Gehirn kann durch verschiedenste Reize manipuliert werden. Das Manipulieren durch gezielt gesetzte Reize ist immer wieder verblüffend effektiv.

Priming hat einen der besterforschten Reizeffekte auf unser Gehirn. Priming heißt so viel wie Vorbereitung. Es beschreibt einen Prozess, bei dem eine Person einem bestimmten Reiz ausgesetzt wird, der dann die Reaktion auf einen späteren Reiz beeinflussen soll. Ein Denkmuster soll aktiviert, bespielt und genutzt werden. Es kann sich dabei um Gerüche, Bilder, Töne, Worte oder jeden anderen Reiz handeln, der als Prime eingesetzt wird. Ein Beispiel ist das Aufschreiben einer Farbe in einer anderen, nicht der eigentlichen Farbe entsprechendem Farbton. Der benutzte Farbton aktiviert die Assoziation mit dem Namen dieses Farbtons, und bringt uns automatisch dazu, diesen Farbton zu benennen, statt des Wortes, das tatsächlich da steht. Ein anderes, hervorragendes Beispiel für Priming stammt aus dem Film „Focus", der im Jahr 2015 in Deutschland erschienen ist. Hier wird eine Szene

dargestellt, in der es zu einer scheinbar spontanen Wette von zwei fremden Menschen kommt, die sich ein Footballspiel anschauen. Dabei sollte einer von ihnen auf das Footballfeld sehen und die Nummer eines Spielers aussuchen und der andere soll sie erraten, was auch tatsächlich gelingt. Später wird aufgedeckt, dass die ausgewählte Nummer nicht durch Zufall entstanden ist, sondern durch das Primen des Unbekannten, der zum Wettpartner wird. Dieser wurde seit dem Vortag mit der Zahl 55 geprimed. Er nahm sie unbewusst und ohne darauf zu achten durch seine Umgebung wahr, die mit dieser Zahl in Form von Bildern und Tönen ausgestattet war. Das führte dazu, dass er auf dem Footballfeld ebenfalls den Spieler mit der Nummer 55 auswählte.

Mit dem gleichen Prinzip beeinflusst die Musik im Supermarkt unser Kaufverhalten. Wenn in einem Supermarkt z. B. französische Musik gespielt wird, kaufen deutlich mehr Leute französischen Wein. Wenn stattdessen italienische Musik gespielt wird, überwiegt der Kauf von italienischen Weinen. Dabei geben die meisten Befragten an, die Musik nicht bewusst wahrgenommen zu haben.

Priming ist genauso wie Framing nicht auszuschalten, denn so funktioniert nun mal unser Gehirn. Keiner ist dagegen immun oder kann es kontrollieren. Die manipulative Wirkung wird aber deutlich verringert, wenn wir uns einfach darüber bewusst sind, dass Priming existiert. So kann man sich selbst darüber bewusst werden, dass man durch einen Prime in eine bestimmte Richtung gedrängt wurde, und seine Entscheidung so noch einmal überdenken.

Der Ankereffekt

Das Setzen von Ankern ist eine weitere Manipulationstechnik, die wie folgt funktioniert: Nehmen wir an, du bist auf einem Trödelmarkt und siehst ein Buch, mit dem Titel „Rhetorik für Anfänger", das dein Interesse erweckt. Nun ist nirgendwo ein Preisschild zu finden, also fragst du den Verkäufer, wie viel es kostet. Er sagt 15 Euro, du schlägst 10 Euro vor und ihr einigt euch auf 12 Euro. Du denkst, du hättest alles richtig gemacht, bis deine Freundin dir erzählt, dass sie das Buch neu für nur 9.99 Euro gekauft hat. Was ist hier passiert? Der Verkäufer hat den Anfangspreis, den Anker gesetzt, an dem du dich orientiert hast. Dadurch, dass du keine Vergleichswerte hattest, hast du dich nur an seinem Vorschlag orientiert und gedacht, dass du dabei noch ganze drei Euro gespart hast. Stattdessen hättest du zu

Beginn selbst deinen Preis vorschlagen und somit deinen Anker setzen können. Damit würdest du vorgeben, in welcher Preisklasse sich die Verhandlung abspielen sollte.

Das Gleiche gilt übrigens auch für Restaurants: Wenn du die Speisekarte siehst und dir der Preis für die Vorspeise sehr hoch vorkommt, setzt das Lokal so ihren Anker. Hier greift auch gleichzeitig der Effekt der Habituation, der Gewöhnung. Du gewöhnst dich an die hohe Preisstruktur in diesem Lokal. Später, wenn du die Hauptspeisen ansiehst, fühlen sich die Preise immer noch hoch für dich an, aber schon wesentlich moderater, da du die Preise nun im Vergleich zum gesetzten Anker betrachtest.

Vor dem Ankereffekt kann man sich nur schützen, indem man sich dessen bewusst wird und proaktiv handelt, sobald sich die Möglichkeit ergibt. Bei der nächsten Verhandlung auf dem Trödelmarkt wirst du den Anker nun selbst festlegen wollen, genauso wie bei allen anderen Verhandlungen.

Mirroring

Mirroring kommt aus dem Englischen und heißt übersetzt Spiegeln. Wenn wir jemanden spiegeln, können wir unbewusst Kontrolle über seine Handlungen übernehmen. Diese Technik heißt auch „Pacing and Leading", was übersetzt – (gleich-) schreiten und führen heißt.

Nun, wie sieht das Ganze aus? Wenn du dich mit jemandem unterhältst und auf seine Körpersprache, Mimik und weitere subtile Bewegungen achtest, kannst du sie nachahmen und dich somit unterbewusst mit deinem Gegenüber verbinden. Das Nachahmen der Körpersprache, Mimik, Gestik und sogar der eigentlichen Sprache passiert oft unbewusst, wenn wir eine tiefe Verbindung mit jemandem aufgebaut haben. Wenn wir jemanden sehr mögen, spiegeln wir ihn unbewusst in unserer Sprache. Dies ist ein natürlicher Prozess und keine Manipulation.

Wenn wir aber jemanden manipulieren möchten, können wir seine Bewegungen spiegeln, bis wir eine Verbindung aufgebaut haben, einen sogenannten Rapport, um danach die Kontrolle zu übernehmen, ihn sozusagen anzuführen. Es gibt dazu ein interessantes Experiment, bei dem sich ein Mann einem Fremden schräg gegenüber in einem Café hinsetzt und ihn spiegelt und ihn so mit seiner Körpersprache dazu bringt, ihn zu imitieren, ohne mit ihm gesprochen zu haben. Das Spiegeln kann sowohl dazu benutzt werden, um von jemandem als sympathisch empfunden zu werden, als auch, um das Vertrauen von jemandem zu gewinnen. Es kann außerdem die erwählte Person zu bestimmten Handlungen bringen.

Wenn du dir dieser Technik bewusst bist, kannst du die Gefahr minimieren, dass du selbst durch Spiegeln manipuliert wirst, indem du genau hinschaust. Nimm deine Umgebung und Mitmenschen daher stets achtsam wahr.

Schlusswort

Rhetorik spielt eine sehr große Rolle im Leben von jedem von uns, wenn auch nur unbewusst. Jeden Tag aufs Neue machen wir von ihr Gebrauch. Wir haben die Möglichkeit, sie zu unserem Freund zu machen und ihre Kraft für uns nutzen. Der Schlüssel zur Kraft der Rhetorik ist es, sie zu kennen. Lerne ihre Tools und Methoden kennen, probiere sie aus, baue sie in deinen Alltag ein. Spüre die Kraft der Rhetorik in deinem Leben, beobachte ihre Effekte und genieße die Erfolge, die sie mit sich bringt.

Werde dir auch bewusst über die Rhetorik, die du bisher verwendet hast und immer noch verwendest. Beobachte dich selbst ganz genau. Beobachte die Worte, die du wählst und die Ausdrucksweisen. Nimm wahr, was du selbst mit bestimmten Worten assoziierst und welche Gefühle sie in dir hervorrufen. Worte sind sehr mächtig. Sensibilisiere dich für ihre Kraft und ihren Effekt auf dich. Nimm auch den Effekt wahr, den dieselben Worte auf deine Mitmenschen haben. Entwickle ein Gespür für die Kommunikationsweise und Empfindungen deines Gegenübers. Erkenne eure Unterschiede und eure Gemeinsamkeiten.

Vergiss nicht, die Wirkung der Körpersprache zu beachten. Sie hat den stärksten Effekt. Achte auf deine Körperhaltung, Mimik, Gestik und auf deine Stimmlage. Natürlich ist es nicht Sinn der Sache, sich ständig zu analysieren. Doch du könntest damit anfangen, dich bei wichtigen Ereignissen bewusster wahrzunehmen. Darüber nachzudenken, was du bei der nächsten ähnlichen Situation besser machen könntest. Es ist so ähnlich wie ein körperliches Training. Du fängst damit an, ein wenig zu joggen oder zu tanzen, dann siehst du Ergebnisse, machst weiter, erzielst weitere Resultate und steigerst dein Wohlbefinden, machst weiter und erreichst so das nächste Level.

Das bewusste Wahrnehmen von Rhetorik und ihrer Wirkung ist ein ebensolcher Prozess. Er lässt sich gut trainieren. Durch Übung lassen sich deine rhetorischen Fähigkeiten immer weiter ausbauen. Die Wirkung lässt nicht lange auf sich warten. Mit jeder Übung wirst du die Ergebnisse, Schritt für Schritt, mehr erkennen können.

Je genauer du deine Umgebung beobachtest, desto genauer wirst du auch erkennen, wenn du manipuliert wirst und welche Art von Manipulation auf dich wirkt. Du wirst dich selbst besser verstehen und kennenlernen. Somit baust du eine Resistenz gegenüber Manipulationen auf. Du wählst immer mehr das aus, was du wirklich willst. Du wirst selbstbestimmter und stärker. Du wirst immer weniger durch Werbung gelenkt. Immer weniger durch Gefühle der Angst, des Mitleides oder der Schuld manipuliert. Demzufolge machst du immer mehr das, was du wirklich willst und hast mehr Zeit für das, was für dich wirklich zählt.

Haftungsausschluss

Dieses Buch enthält Meinungen und Ideen des Autors / der Autorin und hat die Absicht, Menschen hilfreiches und informatives Wissen zu vermitteln. Die enthaltenen Strategien passen möglicherweise nicht zu jedem Leser, und es gibt keine Garantie dafür, dass sie auch wirklich bei jedem funktionieren. Die Benutzung dieses Buchs und die Umsetzung der darin enthaltenden Informationen erfolgt ausdrücklich auf eigenes Risiko. Haftungsansprüche gegen den Autor für Schäden materieller oder ideeller Art, die durch die Nutzung oder Nichtnutzung der Informationen bzw. durch die Nutzung fehlerhafter und/oder unvollständiger Informationen verursacht wurden, sind ausdrücklich ausgeschlossen. Das Werk, inklusive aller Inhalte, gewährt keine Garantie oder Gewähr für Aktualität, Korrektheit, Vollständigkeit und Qualität der bereitgestellten Informationen. Druckfehler und Fehlinformationen können nicht vollständig ausgeschlossen werden.

Impressum: Moskovskaya str. 3B, Luhansk, 91000, Ukraine, oleg.gorlov583@ukr.net

Printed in Poland
by Amazon Fulfillment
Poland Sp. z o.o., Wrocław

10478816R00066